Zu diesem Buch

Viele Eltern haben ihren Frieden damit gemacht zu akzeptieren, daß ihre Erziehungsversuche auf taube Ohren stoßen, während ihre Kinder sich im Weghören üben. Andere hoffen, daß alles irgendwann von selbst zusammenläuft – oder auch auseinander.

Erziehung ist wie Medizin: Zuwenig ist wirkungslos, zuviel ist schädlich, bei falscher Diagnose ist sie gefährlich und wirkt, auf Dauer mit Nebenwirkungen, häufig zu unspezifisch.

Hermann Liebenow schildert einen Erziehungsstil, der sich an den Entwicklungsphasen des Kindes und den dazugehörigen, angemessenen Entwicklungsaufgaben orientiert. Konsequenz spielt dabei eine wichtige Rolle, denn sie regt die kindlichen Fähigkeiten zur Verhaltens-Steuerung an, schafft die Grundlagen für späteres Konzentrationsvermögen und fördert die Persönlichkeitsbildung.

Viele anschauliche Beispiele erläutern, wie Eltern lernen können, Konsequenzen zu setzen und einzuüben. Daß dies auch auf das eigene Verhalten zurückwirkt, zeigt sich, wenn es darum geht, Vorbild zu sein, Strukturen zu schaffen, dem Leben Sinn zu geben, Beziehungen zu pflegen und einen eigenen Familienstil zu entwickeln und zu prägen.

Hermann Liebenow, 1951 in Bremen geboren, lebt auf der Schwäbischen Alb. Als Diplompsychologe, Verhaltenstherapeut (DGVT) und klinischer Psychologe/Psychotherapeut (BDP) leitet er seit 1980 die kommunale Erziehungsberatungsstelle in Münsingen. Darüber hinaus ist er als Referent und Fachgutachter tätig sowie durch zahlreiche Beiträge in pädagogischen Fachzeitschriften – auch zum Thema Hyperaktivität bei Kindern – bekannt.

Hermann Liebenow

Konsequenz

**Wie Eltern lernen,
was Kinder brauchen**

Rowohlt

rororo Mit Kindern leben
Lektorat: Bernd Gottwald

Veröffentlicht im Rowohlt Taschenbuch
Verlag GmbH, Reinbek bei Hamburg
April 1999
Copyright © 1998 by Rowohlt Taschenbuch
Verlag GmbH, Reinbek bei Hamburg
Illustrationen: Manfred Bofinger
Umschlaggestaltung: Peter Wippermann/
Jürgen Kaffer, Büro Hamburg
(Foto: Imagine)
Satz Apollo & Gill Sans PostScript (PageOne)
Gesamtherstellung Clausen & Bosse, Leck
Printed in Germany
ISBN 3 499 60540-6

die **Deutsche Liga**
Kinder haben eine Lobby
für das Kind

Partner von *rororo* Mit *Kindern* leben

Inhalt

Merksätze

Konsequenz lernen

> Ansprechen und Aufmerksamkeit erwarten,
> eine Rückmeldung erwirken und ermuntern.

> Beharrlich zuwarten oder wiederaufgreifen,
> aber nicht laufenlassen.

> Auf das Bemühen kommt es an, weniger auf das Ergebnis.

> Abklären, aushandeln oder resolut entscheiden.

Konsequenzen setzen

> Angemessene Konsequenzen sind
> entwicklungsgemäß, verständlich und lehrreich.

> Fürsorgliche Eingriffe schützen und lenken
> die Aktivitäten.

> Ge- oder verbietenden Weisungen folgen Lust oder Frust.

> Empfehlende Hinweise vertiefen Erfahrungen
> zusätzlich mit Lob oder Tadel.

> Vereinbarte Regeln werden über vorteilhafte Belohnung oder
> nachteilige Bestrafung gesteuert.

> Vernünftig abklären,
> dann angemessen gewähren oder ausgleichen lassen.

> Mit kritisch-stützenden Gesprächen zuversichtlich durchhalten
> und die Verselbständigung von Jugendlichen aktiv fördern.

Konsequenzen ziehen

> Eltern sollten Vorbild sein wollen – auch an Lebensfreude!

> Beziehungen sollten zugewandt und zuversichtlich gepflegt werden.

> Strukturen schaffen, die das Einlassen erleichtern.

> Eltern sollten selbst sinnvoll leben,
> damit ihnen ihre Kinder darin gerne folgen.

> Risiken mindern und die Persönlichkeit stärken –
> pädagogisch und politisch.

VORWORT

Dieses Buch wendet sich an Eltern und Pädagogen, die sich nicht damit abfinden wollen, alles x-mal zu wiederholen, und mit ihren Erziehungsversuchen trotzdem auf taube Ohren stoßen. Es erläutert, wie sich Kinder auf der Basis konsequenter Absprachen und klar strukturierter Regeln zu selbstbewußten und eigenständigen Persönlichkeiten entwickeln, anstatt sich dauerhaft im Weghören zu üben.

Die kindlichen Fähigkeiten zur Verhaltens-Steuerung werden ausgebildet, indem sie angeregt, angewandt und anerkannt werden. Damit Kinder sich darauf einlassen, brauchen sie zunächst die motivierende Liebe ihrer Bezugspersonen, insbesondere deren Zuwendung, Förderung, Klarheit und Zuversicht. Indem sie sich mit den Folgen ihres Verhaltens auseinandersetzen, verinnerlichen sie Werte, die wichtige Bestandteile ihres Erfahrungsschatzes bilden und ihre Persönlichkeit maßgeblich prägen. Erzieherische Konsequenz erwirkt diese Lernerfahrungen in Schritten, die dem jeweiligen Entwicklungsstand des Kindes angemessen sind.

Das pädagogische Klima der Gesellschaft wandelt sich ständig. Während in den siebziger Jahren die Befreiung von autoritären Erziehungsstrukturen und der Bruch mit konservativen Normen und Konventionen angestrebt wurden, suchten die Eltern in den achtziger Jahren vor allem sinnvolle Antworten auf die schädigenden Einflüsse durch Drogen, Medien und Schulstreß. Seit einigen Jahren fragen Pädagogen und Eltern sowohl in Beratungen als auch auf Elternabenden immer drängender nach den Ursachen für soziale Unverbindlichkeit, die zunehmende Gewaltbereitschaft und die Flucht von Kindern und Jugendlichen in skurrile Extreme.

Unzählige Erziehungsberatungen, Fachgespräche, Fachartikel und Erfahrungen der letzten Jahre belegen, daß äußere Belastungsfaktoren und spezielle Defizite der Persönlichkeitsentwicklung zusammenwirken. Die Belastungsfaktoren zu mindern ist vor allem eine sozialpolitische Aufgabe. Die Persönlichkeitsbildung zu fördern, insbesondere die Entwicklung der Fähigkeiten zur Selbst-Steuerung, ist die individuelle Erziehungsaufgabe. Konsequenz ist dabei ein wesentliches Mittel.

Erziehung geschieht in spontanen Augenblicken ebenso wie in bedachtem Bemühen, im Alltag und in Ausnahmesituationen. Jede Erziehungssituation hat viele Aspekte, und immer existieren Gegenbeispiele. Dennoch folgen aus der Kenntnis der aufeinanderfolgenden Entwicklungsphasen konkrete Hinweise für das Erziehungsverhalten.

Das einleitende, allgemein gehaltene erste Kapitel, Persönlichkeitserziehung, begründet, warum erzieherische Konsequenz angemessene Erfahrungen vermitteln sollte und wie diese die Persönlichkeitsentwicklung prägen.

Das zweite Kapitel stellt vier einfache, meist schon sehr wirksame Wege vor, wie Eltern und Erzieher konsequentes Verhalten erlernen können.

Das dritte Kapitel erläutert, welche Konsequenzen zu den verschiedenen psychosozialen Entwicklungsphasen ‹passen›. Dabei baut jede neu hinzugekommene Konsequenz auf den vorhergehenden Lernprozessen auf. Konsequenzen angemessen zu setzen erfordert demnach die Abstimmung auf die Entwicklungsphasen des Kindes.

Wie Eltern ihre Kinder erziehen, wirkt auf sie selbst zurück und bestimmt ihr eigenes Leben. Für Kinder ist das vorgelebte Elternverhalten die reale Erfahrungswelt. Das vierte Kapitel zeigt, wie sich aus dieser Wechselwirkung der individuelle Familienstil entwickelt, dessen bewußte Gestaltung leichter gelingt, wenn auch Eltern aus ihren Erfahrungen Konsequenzen ziehen.

Stockt die angemessene Bewältigung von Entwicklungsaufgaben, ergeben sich daraus häufig Probleme, die sich von da an zu typischen, die weitere Biographie bestimmenden Entwicklungslinien ausbilden können. Das fünfte Kapitel thematisiert, ausgehend von den verschiedenen Entwicklungsphasen, diese Entwicklungslinien.

Seit mehr als 20 Jahren arbeite ich als Psychologe und Leiter einer Erziehungsberatungsstelle mit Kindern, Jugendlichen und Erziehenden. Neben verschiedensten Erziehungsproblemen interessieren mich in den letzten Jahren verstärkt die zur Problemstellung gegenläufigen, widersprüchlichen Aspekte: Warum hat eine Familie ausgerechnet diese Schwierigkeiten und nicht andere? Weshalb kommen Geschwister mit denselben kritischen Belastungen unterschiedlich gut zurecht? Und welche Faktoren mindern die Belastung durch die Lebensumstände? Offenbar kommen besonders diejenigen Menschen besser über Krisen hinweg und besser mit ihrer Umwelt zurecht, die auf ein tragfähiges soziales Netz und auf die frühzeitig ausgebildeten Fähigkeiten zur Verhaltens-Steuerung zurückgreifen können. Ich hoffe, in diesem Buch brauchbare Anregungen für die erzieherische Förderung dieser Fähigkeiten geben zu können.

Mein Dank gilt den Familien, die sich für meine weiterführenden Fragen zur Verfügung stellten, meinen Kollegen und Vorgesetzten, die mir viel Freiraum zur beruflichen Gestaltung zugestanden, Freunden und Bekannten für die kritische Durchsicht des Manuskripts und meiner intensiv hinterfragenden lieben Frau Sabine.

Anmerkung

Die auf den Seiten 8 und 9 zusammengestellten Merksätze fassen die Aussagen der zentralen Kapitel zum Thema Konsequenz noch einmal zusammen. Im Text heben einzelne Kernsätze wichtige Aspekte hervor. Illustrationen von Manfred Bofinger lockern den «pädagogischen Ernst» auf. Die im Text zitierte Literatur wird im Anhang in hilfreiche Elternliteratur und weiterführende Fachliteratur unterschieden.

I. PERSÖNLICHKEITSERZIEHUNG

Die meisten Eltern kennen das: Ganz ohne Streß, Quengelei oder kleine Reibereien mit Kindern wegen alltäglichen Geschehnissen, Erfordernissen oder Mißverständnissen geht es nun mal nicht. Dennoch ist es ein großer Unterschied, ob die *Abläufe* solcher Reibereien sich verändern oder Tag für Tag wiederholen und mit besonders viel Ärger verbunden sind. Ein Beispiel:

Peti (egal ob Mädchen oder Junge), etwa zehnjährig und in der 4. Klasse, räumt im Kinderzimmer Bastelzeug zwischen den verschiedenen Kartons hin und her. In einem Nebenzimmer scheppert die Mutter beim Tischdecken vernehmlich mit dem Geschirr. Aber Peti macht weiter, als sei nichts zu hören.

Eigentlich hofft die Mutter auf eine freiwillige Hilfe, aber so muß sie rufen: «Peti, hilf mir bitte beim Tischdecken!»

Zwar hört Peti ganz kurz hin, wendet sich aber gleich wieder den bunten Glasperlen zu.

Kurz darauf ruft die Mutter ihr Kind betont freundlich: «Peti, kommst du bitte, das Essen ist fertig!»

Doch Peti im Nebenzimmer murmelt nur muffig vor sich hin.

«Peti, jetzt komm bitte zum Essen», klingt es schon etwas schärfer, und die Mutter steigert diesen Tonfall bei der Wiederholung. Nun endlich antwortet Peti mit einem langgezogenen «Jahaa», leert aber zunächst einmal seelenruhig die ganze Schachtel aus.

«Na, dann essen wir eben ohne dich», folgt nach einigen Minuten die alltägliche Drohung, und jetzt endlich bequemt sich das Kind von seinem Perlenspiel weg.

Die ungeduldige Mutter kann das aber noch nicht sehen und verstärkt ihre Drohung: «Wir fangen jetzt ohne dich an, du hast ja offenbar keinen Appetit!»

So trollt sich Peti direkt ins Zimmer und besteigt mit beleidigtem Blick den Stuhl.

Kaum bemerkt die Mutter: «Kannst du nicht auch mal von dir aus kommen und beim Tischdecken helfen?», lenkt Peti mit breitestem Grinsen ab: «Und was gibt's?»

«Das siehst du doch», sprudelt das schon längst futternde Geschwisterkind hervor, während die Mutter auch Peti den Teller füllt.

«Ich hab nur noch schnell die Perlen weggeräumt», erklärt Peti jetzt mit gewichtiger Miene, obgleich im Kinderzimmer alles kreuz und quer verstreut liegt.

Da die Mutter das tatsächliche Chaos nicht sieht, lobt sie Peti für das angeblich bemühte Tun.

So oder ähnlich läuft es allzu oft im Familienalltag, und das ist keine Katastrophe. Aber es sollte nicht immer so laufen. Denn was sich stets wiederholt, prägt die Persönlichkeitsentwicklung.

Von außen betrachtet erscheint Peti schlicht pfiffig. Das Kind weiß ganz genau, ab wann seine Mutter ärgerlich wird und wie es sie von kritischen Nachfragen abbringen kann. Seine Aufmerksamkeit ist darauf gerichtet, die Mutter zu manipulieren, anstatt darauf, sich selbst besser auf die Situation einzustellen. Der Ärger, den die Mutter durch ihr *inkonsequentes* Verhalten zuläßt, erschwert die Situation und belastet die Beziehung. Ihr Kind lernt mit jedem Durchgang dieses «Ich-höre-nichts-Spiels», *daß* und *wie* es über die Bitten seiner Bezugsperson hinweghören kann. Es lernt sogar, Aufforderungen aktiv zu ignorieren, entschuldigend zu flunkern und vernünftigen Klärungen auszuweichen.

Treten solche Situationen nur selten auf, sind sie unbedenklich. Wiederholen sie sich jedoch ständig nach demselben Muster und ohne Lerneffekt, prägt das die Persönlichkeitsentwicklung.

> **Abläufe, die sich stets wiederholen, prägen.**

Eine *konsequente Erziehung* unterbindet die stete Wiederkehr ärgerlicher Abläufe. Aber die Erziehenden müssen:

▷ Konsequenz *lernen*, weil es nicht um den Ausdruck elterlichen Ärgers geht, sondern um die Vermittlung förderlicher Erfahrungen;

▷ Konsequenzen in der Weise angemessen *setzen*, daß die kindlichen Fähigkeiten zur Verhaltens-Steuerung angeregt werden;

▷ Konsequenzen für sich selbst *ziehen*, um allgemein förderliche Entwicklungsbedingungen herzustellen.

Für Kinder bedeutet Konsequenz, die Wirklichkeit so zu erfahren, daß dies ihre Persönlichkeitsentwicklung positiv prägt.

Weshalb und wie erzieherische Konsequenz die Persönlichkeitsentwicklung mitbestimmt, erläutern die folgenden Abschnitte dieses Kapitels. Wie Erziehende **Konsequenz lernen, Konsequenzen setzen** und **Konsequenzen ziehen** können, schildern die drei mittleren Kapitel. Und wie unterschiedliche Erfahrungen von Konsequenz zu typischen Entwicklungslinien führen können, zeigt das Schlußkapitel.

Allzu menschlich:
Die vielschichtige Persönlichkeit

Was eine individuelle Persönlichkeitsentwicklung fördert und was ihr schadet, ist aus wissenschaftlicher Sicht noch nicht eindeutig geklärt. Die weltweit gewonnenen Daten lassen sich nicht ohne weiteres auf einzelne Kinder in ihren speziellen Familien und Gesellschaften übertragen. Daß es Entwicklungstendenzen und plausible Zusammenhänge zwischen Kindheitserfahrungen und späterem Verhalten in unserer westlichen Lebenswelt gibt, konnte dagegen nachgewiesen werden.

In ihrer Studie zur Suchtprävention formulierten die beiden amerikanischen Wissenschaftler Jonathan Shedler und Jack Block (1990) pauschal:

«Seelisch ausgeglichene und selbstbewußte Kinder mit einer stabilen und belastbaren Persönlichkeit haben bessere Chancen, nicht süchtig zu werden.»

Doch was macht eine ‹Persönlichkeit› stabil und belastbar? Vor gut 200 Jahren stellte der berühmte Philosoph und Pädagoge Jean-Jacques Rousseau in seinem Erziehungsroman «Emile, oder Über die Erziehung» den Menschen als ursprünglich edlen Wilden dar. Er vertrat die Auffassung, daß Kinder anfänglich außerhalb der Gesellschaft aufwachsen sollten, um sich frei von Erziehung nur durch Versuch und Irrtum selbst kennenzulernen.

Heute wissen wir, nicht nur durch den Findling Kaspar Hauser, daß Kinder vom ersten Lebenstag an vielfältig angeregt, gefördert und gefordert werden müssen, um sich zu gesellschaftsfähigen Persönlichkeiten entwickeln zu können.

Rousseaus Zeitgenosse, der Philosoph Immanuel Kant, formulierte 1788 in seiner «Kritik der praktischen Vernunft» den ‹kategorischen Imperativ›: «Handle so, daß die Maxime deines Willens jederzeit zugleich als Prinzip einer allgemeinen Gesetzgebung gelten könne.» Dieses Gebot verknüpfte die ‹goldene Regel› der biblischen «Bergpredigt» mit dem neuzeitlichen Anspruch auf die Allgemeingültigkeit von Vernunft. Seither gilt die *Befähigung zu vernünftigen Willensentscheidungen* als wesentliches Ziel der Persönlichkeitsentwicklung.

In derselben Denkart erklärte 1861 der Engländer Herbert Spencer in seiner «Erziehungslehre», daß kein Mensch willentlich etwas tun werde, von dem er wisse, daß es ihm schaden würde.

Tatsächlich aber verhalten sich Menschen viel widersprüchlicher: Abenteurer tragen einerseits teure Schutz- und Sicherheitskleidung, um sich nicht zu verletzen, suchen aber andererseits gezielt und willentlich Risiko und Gefahr. Andere Leute reden sich um Kopf und Kragen, obgleich sie schon während des Sprechens wissen, daß sie im Moment besser schweigen sollten. Und gerade solche Widersprüchlichkeiten empfinden wir als Ausdruck von ‹Persönlichkeit›.

Die ‹Persönlichkeit› ist offenbar entscheidend davon geprägt, daß unser Steuerungssystem höchst vielschichtig aufgebaut ist und viele Teilprozesse und Parallelabläufe ermöglicht. Es läßt uns gleichzeitig mit den Händen basteln, während wir mit dem Mund singen und mit den Beinen schlenkern. Es drückt Stimmungen zugleich in Mimik, Worten und Bewegungen aus. Es bringt augenblickliche Sinneseindrücke mit früheren Erfahrungen in Verbindung. Es kombiniert gezielt gelernte Fertigkeiten mit unbewußt verinnerlichten Traditionen. Es läßt bewußtes Denken auf spontane Gefühle einwirken und steuert so das Handeln.

Unser Steuerungssystem differenziert und verallgemeinert, lernt und vergißt, integriert und gliedert, vergleicht und konstruiert. Es funktioniert wundervoll abgestimmt und widersprüchlich, stabil und kreativ, gezielt und ganzheitlich. Daß dies individuell ganz unterschiedlich geschieht, verbinden wir ebenfalls mit dem Begriff ‹Persönlichkeit›.

Die physiologischen Grundlagen von Geist und Psyche sind höchst kompliziert. Stoffwechselprozesse und Hormone, Sinneszellen und Reizübertragungen, Nervenbahnen und Nervenknoten, Gehirnteile und Funktionsareale wirken zusammen.

Das Gehirn besteht aus unterschiedlichen Teilen mit wiederum unterschiedlichen Funktionsbereichen. Das Rückenmark im Wirbelkanal der Wirbelsäule stellt die grundlegende Verbindung zwischen Gehirn und Nervenbereichen dar; im Stammhirn werden die wichtigsten Lebensfunktionen, z. B. die Atmung, geregelt; aus dem Mittelhirn stammen die Grundgefühle; im Großhirn geschieht das bewußte Denken, und das Kleinhirn koordiniert die Bewegungen. Man müßte eigentlich sagen, daß wir stets mehrere Gehirne im Einsatz haben. Das gesamte System funktioniert *vernetzt*: In Funktionsgruppen gegliedert, arbeitet es dennoch als Einheit (Spitzer, 1996).

Die moderne Neuropsychologie nimmt an, daß das Steuerungssystem die Weltsicht eines Menschen individuell unterschiedlich «konstruiert» (übersichtlich dargestellt z. B. bei Roth und Prinz, 1996). Während die Wahrnehmung einer Person einige dunkle Schatten in der Nacht als den Umriß einer Menschengruppe interpretiert, erkennt ein anderer in ihnen den tatsächlichen Busch. Ein Kind wiederum wird u. U. mit seiner Wahrnehmung in den Schatten ängstigende Gespenster entdecken. Auch diese verschiedenen Wahrnehmungsformen hängen mit dem Begriff der ‹Persönlichkeit› zusammen.

Würde in unserem Steuerungssystem stets nur ein einzelner Prozeß ablaufen, gerieten wir wohl nicht in innere Konflikte. Jeder Reiz löst aber gleichzeitig eine Fülle von Ideen, Gefühlen, Bewegungen und Reflexen aus. Das Steuerungssystem läßt uns nur manches davon bewußt werden, unterdrückt einiges und speichert vieles. Es bewertet, sortiert und koordiniert in persönlich charakteristischer Art und Weise.

Beim Autofahren regelt unser Gehirn, daß wir gleichzeitig lenken und gestikulieren, die Pedale unterschiedlich bedienen, zugleich den Verkehrsfluß beobachten und analysieren, die Strecke heraus- finden und vielleicht eine Abkürzung überlegen, ein Gespräch ver- folgen und mitreden.

Auf einer bekannten Strecke mag das alles problemlos und koordi- niert klappen. Im Feierabendverkehr einer fremden Stadt aber wer- den zusätzliche Streßhormone ausgeschüttet, sollten die Augen zu- gleich vorne, hinten, links und rechts sein. Da sind mehr Verkehrs- schilder zu beachten, als man so schnell entdecken kann, und da muß alle Aufmerksamkeit dem Straßenverkehr gelten. Deshalb wird sich selbst ein erfahrener Fahrer aus dem Nebenhergespräch zurückziehen.

Sobald viele Reize einströmen und komplizierte Leistungen erbracht werden müssen, trifft das Gehirn eine Auswahl und *konzentriert sich* auf das Wichtigste, um angemessen reagieren und *koordinieren* zu können.

Manchen Menschen gelingt das scheinbar leichter, andere sind zu konzentrierter und koordinierter Selbst-Steuerung nur mit größter Mühe *fähig*. Den meisten fällt die Steuerung in einem Lebensbereich leichter und in einem anderen schwerer. Auch die Art und Weise, sein Verhalten zu steuern, ist individuell verschieden.

Ein Fahrer bittet seine Begleiter um Ruhe. Ein anderer bittet um de- ren Mithilfe. Und ein weiterer hält an, um sich erst mal den Plan an- zusehen.

Unter dem Begriff der ‹Persönlichkeit› ist auch zu verstehen, *wie* man sich und sein Verhalten in charakteristischer Weise steuert, z. B.

▷ ob man vernünftige Lösungen sucht oder seinen Intuitionen folgt;
▷ ob man bewußt mit seiner Wut umgeht oder sie nur impulsiv aus- lebt;
▷ ob man bei Überforderung rechtzeitig die körperlichen Streß- signale beachtet und sein Verhalten ändert oder dem moralischen Druck nachgibt und sich bis zur Erkrankung erschöpft.

‹Persönlichkeit› ist kein faßbarer Gegenstand, aber sie ist spürbar und diskutierbar. Jede Steuerung wirkt verändernd auf die Persönlichkeit zurück. Dieser Wechselprozeß kann von Kindheit an erzieherisch vernachlässigt oder entwickelnd gefördert werden. Wie Persönlichkeitsbildung und die Fähigkeit zur Selbst-Steuerung durch konsequentes Erziehungsverhalten unterstützt werden, erläutere ich in den folgenden Kapiteln anhand vieler Beispiele aus der Praxis.

Wollen allein genügt nicht:
Fähigkeiten zur Verhaltens-Steuerung ausbilden

Spieleabend in der Familie:

Ein Kind kennt die Spielregeln und will beim Mensch-ärgere-dich-nicht-Spiel bis zum Ende durchhalten.	*Motivierender Vorsatz*
Es kann beim Würfeln selbständig die Augen zählen und die entsprechende Felderzahl ziehen.	*Geistige und motorische Fähigkeiten sind vorhanden*
Das Kind folgt dem Spielverlauf, zeigt Durchhaltevermögen und könnte vielleicht sogar gewinnen.	*Situativ reelle Möglichkeit*
Als aber die eigene Spielfigur «rausgeschmissen» wird, kochen Enttäuschung und Wut in ihm hoch.	*Impulsive Reaktion*
Obgleich das Kind versucht, sich zu beherrschen und die Spielregeln zu akzeptieren, ...	*Selbst-Steuerungs-Versuch*
... fegt es wütend die Spielfiguren vom Tisch.	*Tatsächliches Verhalten*

Anfänglich kann das Kind seinen Vorsatz gut umsetzen, aber gegen Spielende wird seine Motivation von der Frustration über den Spielverlauf überwältigt, und es lebt seinen Wut-*Impuls* aus. Vermutlich hätte eine rechtzeitige Ermunterung dem Kind geholfen durchzuhalten und sein Selbstbewußtsein gestärkt. Tatsächlich aber gelingt ihm die *bewußte Handlungssteuerung* noch nicht.

Wie man erzieherisch mit einer solchen Situation umgeht, hängt vom Entwicklungsstand des Kindes ab:

▷ Ein Kindergartenkind vermag seine Reaktionsimpulse noch kaum bewußt zu kontrollieren. Man würde es wegen seines Verhaltens wohl nur *tadeln*.

▷ Von einem Kind im Einschulungsalter können Eltern das Bemühen um Selbst-Steuerung bereits erwarten und zur *Strafe* die Teilnahme am nächsten Spiel untersagen.

▷ Ein etwa Achtjähriger sollte bereits in der Lage sein, ein gewisses Maß an vernünftiger Willenskraft zu zeigen. Zum *Ausgleich* für die Störung könnte man von ihm z. B. verlangen, daß er den Abendbrottisch deckt, während die anderen das Spiel beenden.

Ältere Schulkinder können an dem berühmt-berüchtigten «Mensch-ärgere-dich-nicht»-Spiel ihre Fähigkeit zum «Mensch-beherrsche-Dich» trainieren. Das dafür notwendige *bewußte Wollen* weiterzuspielen erfordert *logisches Überlegen*, gibt dem zielgerichteten Handeln Energie und stärkt die *vernünftige Willenskraft*.

Die Fähigkeiten zur Selbst-Steuerung können nicht einfach herbeigeredet oder eingetrichtert werden, sondern werden dadurch ausgebildet, daß sie erkannt und genutzt werden. Das wiederum wirkt auf die Möglichkeiten und Ergebnisse des selbständigen Handelns zurück und entwickelt dadurch die ‹Persönlichkeit›.

> **Die Fähigkeiten, das Verhalten zu steuern,**
> **sollten gezielt angeregt und entwickelt werden.**

Verhalten sich ältere Kinder noch immer lustbetont impulsiv statt vernünftig überlegend, mißachten sie noch immer die meisten weisenden Ge- und Verbote, hinweisenden Lobe und Tadel oder regelgemäßen Belohnungen und Strafen, ist erzieherische Aufmerksamkeit geboten.

Jonas war bereits im Kindergartenalter kaum dafür begeistert worden, sich intensiver auf etwas einzulassen. Seine Eltern hatten wenig mit ihm gespielt, sondern ihn oft vor der «Flimmerkiste» ruhiggestellt. Als Einzelkind hatte er niemanden, mit dem er sich ins gemeinsame Spiel vertiefen konnte. Statt dessen hatte er häufig Gelegenheit gehabt, sich besonders *impulsiv* auszuleben.

Im Übergangsalter mit sechs, sieben Jahren war Jonas nur selten konsequent angehalten worden, sich vorsätzlich zu steuern. Er mußte keine häuslichen Regeln befolgen, keine Absprachen einhalten, sich um nichts bemühen. Zu Hause gab es Motivationsprobleme, auch wenn ihm etwas hundertmal erklärt worden war.

Inzwischen hatte der Viertklässler Jonas gelernt, sich ohne die Fähigkeiten zur Verhaltens-Steuerung durchzumogeln, und lehnte jede entsprechende Erwartung und Anforderung vehement ab.

Vor einem halben Jahr hatte er bei der Verkehrsschule behauptet, er bräuchte keine Verkehrsschilder fürs Radfahren zu lernen, und war daraufhin vom Verkehrsunterricht unerlaubt weggelaufen.

Kürzlich hatte ihn der frühere Klassenlehrer in die Parallelklasse gegeben, um zu sehen, ob auch andere Lehrer Disziplinprobleme mit ihm hätten.

Selbst das, was Jonas sich bewußt vornahm, hielt er beim besten Willen nicht längere Zeit durch, obgleich er sicher genügend Energie dafür hatte und ständig dazu ermuntert wurde.

Am Tag vor dem Schulausflug schilderte die entrüstete Mutter, daß der Lehrer ihren Sohn bei der Radtour der Klasse nicht mitnehmen wolle und die Aufsicht abgelehnt habe, es sei denn, Jonas würde von einem Elternteil begleitet. Jonas wolle aber unbedingt allein mitfahren und habe ihr deshalb fest versprochen, sich an alle Anweisungen des Lehrers zu halten.

Jonas kannte die Erwartungen an sein Benehmen sicher bestens und hatte bestimmt schon häufig Besserung gelobt. Aber der Lehrer hatte oft genug beobachtet, daß Jonas sich dennoch wider alle Absprachen verhielt und letztlich doch seinem sprunghaften Temperament folgte. Deshalb war er vorsichtig.

24   Ich verdeutlichte der Mutter im Gespräch, daß Jonas' Wollen und

seine Versprechen nichts ändern würden, sofern er nicht die Fähigkeiten zur vorsätzlichen Selbst-Steuerung intensiv nachgelernt hätte.

> **Motive brauchen zur Umsetzung**
> **Fähigkeiten zur Verhaltens-Steuerung.**

Viele Menschen täuschen sich darüber hinweg, daß ihnen wesentliche Fähigkeiten zur Verhaltens-Steuerung fehlen, indem sie andere für ihr Fehlverhalten verantwortlich machen: «Wenn die nicht freundlicher zu mir sind, ist doch klar, daß ich denen das Leben schwermache!»

Manche Eltern legen solche «beschuldigenden Entschuldigungen» ihren Kindern sogar in den Mund: «Klauen dürft ihr nicht im Supermarkt. Aber wenn die nicht mehr Aufsicht einstellen, haben die ja auch Mitschuld!»

Jugendliche äußern derartige Verschiebungen von Verantwortung noch drastischer: «Dann muß der Lehrer den Unterricht eben spannender machen, damit ich aufpassen kann.» Oder: «Der Typ hat mich so angegrinst, da mußte ich dem doch eine draufhauen.»

Solche Äußerungen verdecken häufig eine erschreckende Unfähigkeit, vernünftig zu handeln, und einen gravierenden Persönlichkeitsmangel. Sie sind auch Beleg dafür, wie eng die Fähigkeiten zur Verhaltens-Steuerung mit der Moralentwicklung verknüpft sind. Allerdings beachten Kinder und Jugendliche ihre Werte anders als Erwachsene. Denn welche Werte jemand wirklich annimmt, versteht und lebt, hängt vom Stand seiner seelisch-geistigen Entwicklung ab (vgl. die Darstellung der Moralerziehung z. B. bei Oser und Althof, 1992). So ist von einem Kindergartenkind einfach noch nicht zu erwarten, daß es seine spontane Wut beherrscht und in vernünftiges Verhalten umwandeln kann. Ein Erwachsener hingegen sollte in der Lage sein, seinen Ärger unschädlich abzureagieren und in eine ‹vernünftige› Aktion umzulenken. Es hängt von seiner *steuernden Moral* ab, ob er wütend aufstampft, lauthals schimpft oder für das nächste Mal die Verhinderung der Frustration plant. Die Gesellschaft verlangt zumindest so viel Impulskontrolle, daß Erwachsene nicht blindlings drauflos schlagen.

Verschiedene Aggressionsformen lassen sich in einem Stufenmodell darstellen: Mit jeder Stufe wird eine sozial höherwertige und verträglichere Verhaltensweise erreicht.

Innerlich klären:
Rache phantasieren
Besserung planen
Durchatmen

Mimisch andeuten:
Böse Blicke
Zähne zeigen
«Vogel zeigen»

Verbal ausdrücken:
Schimpfen
Beleidigen
Anschreien

Tätlich handeln:
Wegwerfen
Zerstören
Schlagen
Quälen

Wenn Eltern angeben, welche Werte sie ihren Kindern nahebringen wollen, umfassen die Aufzählungen zumeist Stichworte wie: Liebe zu empfangen und zu geben, Sensibilität, Offenheit, Vertrauen, Ehrlichkeit, Bescheidenheit, Freundlichkeit, Hilfsbereitschaft, Mut, Ausdauer, Treue, Glauben, Selbstwert, Respekt, Gerechtigkeit und Friedfertigkeit.

Die meisten dieser Begriffe sind aus philosophischer Sicht *Werte*, die das Verhalten leiten und deshalb immer wieder diskutiert werden müssen. Aber Werte dürfen nicht nur im Kopf glänzen, sondern sollten konkretes Verhalten motivieren: Das ist ihre psychologische Seite, die immer wieder als vorteilhaft erlebt werden muß. Und die Fähigkeit, die Wertmotive in tatsächliches Verhalten umzusetzen, muß erzieherisch gefördert werden: Das ist die pädagogische Aufgabe der Erziehung zu Werthaltungen.

Verhaltens-Steuerung durch Werte bedeutet also nicht, daß spontane Impulse bloß unterdrückt würden. Sondern, daß absichtliche innere Abläufe wirksam werden, die anders erleben lassen und besser bewertetes Verhalten erwirken. Die Weisung «Du haust das Baby nicht! Komm zu mir, wenn du wütend bist!» fordert und trainiert die Verhaltens-Steuerung bereits beim Kleinkind. Eine solche elterliche Weisung legt das *Wort* über das spontane Erleben des Kindes, lange bevor das Kind sich selbst *über-legt* verhalten kann.

> **Die Fähigkeit, das Wort *über* das Gefühl zu *legen*,**
> **wird frühzeitig in der Familie entwickelt.**

Einige Entwicklungsjahre später sollte ein Jugendlicher seine Vorsätze *bewußt über* die spontanen Reaktionstendenzen *legen* wollen und können.

Die Jugendliche ärgert sich, daß sie nicht zur Party ihrer Clique eingeladen wurde. Sie vermutet, daß sie in letzter Zeit zu oft überempfindlich spitz reagiert hat. Deshalb nimmt sie sich vor, zukünftig geduldiger und zugewandter zu sein.

Zwar fällt es ihr sehr schwer, nicht länger beleidigt zu verharren, sondern einen neuen Anfang zu suchen. Doch sie hält ihr *bewußtes* Vorhaben durch und *überwindet* ihren emotionalen Frust.

> Die grundlegenden Fähigkeiten zur Verhaltens-Steuerung müssen vor der Pubertät entwickelt und eingeübt werden. Der Erziehungswissenschaftler Peter Struck stellte dazu 1996 fest:
> «Wenn bis zum elften Lebensjahr die Hauptarbeit von Erziehung nicht schon erfolgreich geleistet worden ist – also in bezug auf Zähneputzen, Sauberkeit, Ordnung, Pünktlichkeit, Offenheit, Ehrlichkeit, Selbstdisziplin, Fleiß, Konfliktbewältigungskompetenz, Hilfsbereitschaft und Familienteambewußtsein –, gewinnen Eltern oft den Eindruck, daß sie ab dann vor allem *gegen* alle möglichen Mißlichkeiten erziehen müssen, nicht aber so sehr mehr *für* etwas.»

Ein frühzeitig anerzogenes breites Spektrum an Fähigkeiten zur Selbst-Steuerung erleichtert die später selbständige Ausdifferenzierung und Selbsterziehung der Persönlichkeit sehr. Dennoch können auch erfolgreiche Leute *vielschichtige und widersprüchliche* Persönlichkeiten bleiben, die in manchen Bereichen Schwierigkeiten mit der Selbst-Steuerung behalten. Denken Sie beispielsweise an paffende Ärzte, deren präzises Wissen um die Gesundheitsgefährdung des Rauchens offensichtlich nicht bis in die handelnden Fingerspitzen reicht!

Schritt für Schritt:
Die Phasen der Persönlichkeitsentwicklung

Die Persönlichkeit verändert und entwickelt sich mit den Lebensphasen immer weiter. In der Literatur finden sich etliche Schilderungen der schwierigen Persönlichkeitsentwicklungen junger Menschen, die ihre Ideen und ihr Temperament qualvoll an den Realitäten reiben, um identische Erwachsene zu werden. Einer der berühmtesten Romane dieses Genres, «Die Leiden des jungen Werther», wurde 1774 von Johann Wolfgang von Goethe veröffentlicht.

Persönlichkeitsveränderungen gehen jeweils aus den bereits erreichten Möglichkeiten und Fähigkeiten hervor, ähnlich einem System, das sich aus sich selbst heraus in die jeweils nächsthöhere Ebene transformiert. Verfügt eine Person über ausgereifte Fähigkeiten zur Selbst-Steuerung, kann sie die Entwicklung ihrer Persönlichkeit selbst aktiv und autonom mitbestimmen. Man sagt dann, daß diese Person etwas aus sich mache, *Persönlichkeitsbildung* betreibe.

Erziehung kann immens darauf vorbereiten, indem sie die jeweils entwicklungsgemäßen Fähigkeiten zur Selbst-Steuerung anregt und stärkt. Ob der erwachsene Mensch seine Persönlichkeit später bewußt weiter ausbildet, obliegt seiner Entscheidung. Ist ein Mensch jedoch nicht von klein auf zur Selbst-Steuerung befähigt, bleibt seine weitere Persönlichkeitsentwicklung von äußeren Anlässen abhängig.

Persönlichkeitsentwicklungen können durchaus plausibel beschrieben werden: Freuds Darstellung der «infantilen Genitalorganisation» mit oraler, analer und ödipaler Phase aus dem Jahr 1923 ist nahezu Allgemeinbildung geworden. Kohlbergs «Fünf Stufen der Moralentwicklung» von 1963 werden immer wieder bei Elternabenden angeführt. Aktuell diskutiert man in Deutschland beispielsweise die entwicklungspsychologischen Aspekte emotionaler Beziehungen (vgl. Mietzel, 1995). Dennoch sind die Annahmen darüber, daß und in welcher Weise Entwicklungsschritte aufeinanderfolgen müßten, umstritten.

Die Phasen der Persönlichkeitsentwicklung können durchaus widersprüchlich erscheinen: Ein vierjähriges Mädchen wird seinen Eltern den kleinen Diebstahl seiner Freundin spontan erzählen, weil es seinen vertrauten Bezugspersonen noch alle Gefühle *impulsiv anvertraut.* Zwei Jahre später würde dasselbe Mädchen *mühsam* das Geheimnis der Freundin wahren, weil sie die *Regel,* das gegenseitig gegebene Versprechen *zu schweigen,* nicht brechen will. Und das reifere Schulkind würde seiner Freundin vernünftigerweise zur *ausgleichenden* Wiedergutmachung raten, um das Problem zu klären. Als Jugendliche schließlich müßte das Mädchen in der Lage sein, eine eigene Haltung zum Tun der Freundin zu entwickeln, sich zu entscheiden und sich vielleicht auf andere Freundinnen *ausrichten,* um nicht weiter in die Dummheiten dieser einen Freundin einbezogen zu werden.

Ich habe diese Veränderungen auf den Seiten 30/31 als «Persönlichkeitsentwicklung» schematisiert. Die Tabelle zeigt im Zusammenhang, welche Fähigkeiten auf den zuvor entwickelten aufbauen. Natürlich könnten jeder Phase weitere Aspekte hinzugefügt werden und Variationen in der Abfolge auftreten. Aber das Schema stellt die üblichen Entwicklungstendenzen in einen verständlichen Zusammenhang ihrer Voraussetzungen, der Weiterentwicklungen und zukünftiger Möglichkeiten.

Persönlichkeitsentwicklung:
Aufgabenbereiche, Steuerungsfähigkeiten
und Lenkungsmittel

Körper Entwicklungsphase:	Seele Bedürfnis:	Geist Möglichkeit:
Babys	symbiotisch umsorgtes Fühlen	sinnlich reizoffenes Aufmerken
Kleinkinder	lustvoll die Bedürfnisse befriedigen	Zusammenhänge erkennen lernendes Wahrnehmen
Kindergartenkinder	impulsiv empfindendes Ausleben	Modelle beobachten Identifizieren
Schulanfänger	interessiertes und anerkanntes Bemühen	symbolisches und sprachliches Vorstellen
Schulkinder	selbständiges Wollen und Dürfen	bewußtes logisches Über-legen
Jugendliche	verwirrendes und neues Erleben	abstrakt analysierendes Bewerten

Tun	Steuerungsfähigkeit	Lenkungsmittel
Bestreben:	Entwicklungsziel:	und deren Bezug:
reflexhaft motorisches Aktivwerden	stimulierte Reaktion	schützend-lenkende Eingriffe der versorgenden Eltern
neugieriges Probieren	sensomotorische Koordination	Weisungen mit Lust oder Frust aus der engeren Familie
einfühlsam vertiefendes Mitmachen, Imitieren, Spielen	intuitives Einlassen	Hinweise mit Lob oder Tadel in Bezug zum ‹Wir-Gefühl›
situations- und sachgemäßes Tätigsein	vorsätzliche Steuerung	Regeln mit Lohn oder Strafe gemäß Vereinbarungen
wirksames und zielgerichtetes Handeln	vernünftige Willenskraft	Abklärungen mit Gewährung oder Ausgleich gemäß Vernunft oder ‹Man-Moral›
ablösendes und neu beziehendes Suchen	authentisch integrierende Ausrichtung	kritisch-stützende Gespräche in Familie und Clique

Babys gewinnen das seelische Urvertrauen und eine positive Grundeinstellung, indem sie zunächst die symbiotische Verbindung mit der liebevoll *umsorgenden* Mutter *fühlen*. Werden sie sinnlich angeregt, weckt dies ihre geistig reizoffene Aufmerksamkeit für die augenblickliche Situation und kommende Abläufe. Sie glucksen, schreien, greifen, strampeln und reagieren motorisch auf äußere Anlässe, anfänglich meist reflexhaft.

Geht es Babys gut und werden sie angemessen stimuliert, entwickeln sich die sinnlichen und motorischen Reaktionen nachweislich besser, und die Kinder wirken deutlich aktiver auf ihre Umwelt ein. Damit diese frühe Entwicklung nicht gefährdet wird, müssen die versorgenden Eltern oftmals *schützend und lenkend eingreifen*, beispielsweise den sich windenden Säugling auf dem Schoß festhalten.

Kleinkinder erfahren sich vor allem sinnlich: Sie fühlen, riechen, schmecken, sehen, hören und folgen ihrem ausgeprägten Bewegungsdrang. Ihre Seele ist auf die lustvolle Befriedigung ihrer aufkommenden Bedürfnisse gerichtet. Der wache Geist lernt, Gegenstände, Abläufe und Zusammenhänge wahrzunehmen, z. B. den bunten Kinderteller als Ankündigung der Mahlzeit. Gleichzeitig müssen die Kleinen sogleich neugierig ausprobieren, was damit wie passieren kann, und so wird der volle Teller blitzschnell umgedreht.

Ein Kleinkind koordiniert, übt und verbessert bei diesen noch absichtslosen Aktionen seine Sinne und Muskeln (Sensomotorik). Natürlich können Eltern nicht jeden Koordinationsversuch zulassen, beispielsweise wenn das Kind sich an der gefährlichen Treppe versucht. Ein etwa zweijähriges Kleinkind sollte dann eindeutige *Weisungen,* wie z. B. ein verbietendes «Nein, nein, da ist Stopp für dich!», befolgen. Mißachtet es aber die ihm bereits verständliche Weisung, wird man eingreifen und das Kind von der Treppe wegtragen. Angepaßt an die Situation und den Entwicklungsstand des Kindes, wäre dieser Eingriff der Eltern angemessen konsequent.

Kinder im Kindergartenalter üben ihre Steuerungsfähigkeiten unablässig und gewinnen immer neue hinzu. Sie entfalten sich über ihre angeborenen Reflexe hinaus und intensivieren ihre Gefühlswelt. Indem sie auf eindringliche Impulse augenblicklich reagieren, *leben* sie dabei all ihre Bedürfnisse, Stimmungen, Kräfte und Ideen vollständig aus – meist spielerisch, allzuoft tobend, manchmal auch schon ganz «wie die Großen».

Ihr Geist nimmt nicht mehr nur lernend wahr, sondern beobachtet gezielt. Die Kinder identifizieren sich mit erfolgreichen und bewunderten Bezugspersonen und ahmen ihre Vorbilder nach, beispielsweise den Tonfall des Vaters beim Autofahren. Sie *fühlen* sich in die gerade sie umgebende Situation *ein* und möchten bei dem mitmachen, was gerade geschieht. Sie gewinnen dabei die Erfahrung, daß es interessanter wird, je freudiger und intensiver sie sich in die jeweiligen Beziehungen, Spiele oder Handlungsabläufe vertiefen. Solche Früherfahrungen werden später bis in die Wahl der Hobbys hineinwirken. Ein Freund beispielsweise durfte bereits als kleiner Junge bei einem benachbarten Mopedmechaniker «mithelfen», noch heute schraubt er selig an seinem uralten Motorrad herum.

Kindergartenkinder reagieren und steuern sich sehr *intuitiv*. Faktisch bewirken Nachahmen und Mitmachen, daß die Kinder sich mit ihren Verhaltensweisen und ihrem Temperament auf ihre Umwelt einlassen.

Kindergartenkinder sind vertrauensvoll und offen, wenn sie sich wohl fühlen. Sie passen sich ebenso an ein lautes wie an ein ruhiges Zuhause an. Sie fügen sich in eine strukturierte Kindergartengruppe ebenso ein wie in eine chaotische.

Die erziehenden Bezugspersonen fördern diese intuitive Anpassung, indem sie vorher entsprechende *Hinweise* geben und nachher dementsprechend *loben* oder *tadeln*. Oder sie ziehen das Kind emotional mit: «Komm, wir machen das jetzt miteinander, und dann gelingt es uns ganz bestimmt!»

Schulanfänger im Alter zwischen 5 und 7 Jahren bewältigen einen bedeutenden Wandel. Seelisch brauchen sie noch Anerkennung und Interesse der Autoritäten für ihr *Bemühen*. Gleichzeitig möchten sie nicht mehr nur spielerisch so tun als ob, sondern auch situations- und sachgemäß tätig sein. So üben sie z. B. ihren Namenszug, um gleich darauf kräftig damit zu prahlen. Das geschieht so intensiv, daß beim Malen oder Basteln oftmals auch die Zunge und die Beine mitgehen.

Je eigenständiger der Geist wirkt, desto leichter geraten Wunsch und Wirklichkeit durcheinander. Nun können bloße Worte symbolische Vorstellungen und alle damit verbundenen Gefühle auslösen, beispielsweise das Wort «Hexe» die ganze Märchenphantasie. Das Vorstellungsvermögen ermöglicht dem Kind, ein Bild von sich selbst zu entwerfen, das seine eigenen Gefühle mit den Zuschreibungen durch andere verbindet.

Die Phantasien, Ideen und die Verhaltens-Steuerung werden zunehmend in Worte gefaßt, so daß mit dem wachsenden Sprachvermögen «Löcher in den Bauch» gefragt werden, obgleich die Erklärungen noch kaum nachvollzogen werden können. Das Kind führt Selbstgespräche, wiederholt seine Aufträge, während es sie erfüllt, und formuliert eigene Vorsätze. Auch wenn die Aufmerksamkeit des Kindes ganz von einer Sache angezogen wird, kann sein Geist gleichzeitig die Ereignisse drumherum wahrnehmen und eigene Phantasien verfolgen. Das Kind muß verkraften, daß ihm mehrere Möglichkeiten offenstehen. Deshalb erfindet und befolgt es zunächst *Regeln*, die die komplexen Situationen strukturieren und Sicherheit vermitteln.

Dafür wiederum muß sich das Kind vorsätzlich um das vereinbarte Verhalten bemühen, denn die Eltern und andere Autoritäten lassen regelgemäß Belohnungen oder Strafen folgen: «Nach dem Abendessen wird aufgeräumt, nur dann gibt's eine Gute-Nacht-Geschichte.»

Die Kinder vereinbaren nun auch untereinander kleine Regeln, akzeptieren Strafen für Regelverletzungen und sind stolz auf Belohnungen für ihr Bemühen und auf Erfolge. Indem sie auch von sich aus solche Regelungen anbieten, zeigen Kinder, inwieweit sie für diese Art der Verhaltens-Steuerung reif sind.

Carla möchte endlich unbeaufsichtigt mit ihrem Kinderrad fahren. Von sich aus schlägt sie die Regel vor, nur auf dem Bürgersteig zu fahren, ansonsten nehme sie einen Tag Fahrradverbot in Kauf.

Tatsächlich beobachten die Eltern, daß Carla nun ganz bemüht an jedem Bordstein anhält und ihr Rad wie abgesprochen über die

Straße schiebt. Dafür hat sie eine anerkennende Belohnung verdient, und der Vater räumt ihr in der Garage einen tollen Stellplatz für ihr Rad frei.

Reifere **Schulkinder** können ihre Angelegenheiten zunehmend logisch bedenken. Sie erkennen und respektieren Ursachen, Ordnungen und Folgen des Verhaltens. Sie können planen und sich selbst korrigieren, sie überlegen.

Aber daß sie diese geistigen Möglichkeiten voll ausschöpfen, ist nicht selbstverständlich. Manche Schulkinder fürchten ihre neue Vernunft und ziehen sich auf vertraut Sinnliches, Motorisches und Intuitives zurück. Sie leben sich dann weiterhin kindlich lustorientiert und impulsiv aus, statt altersgemäß ihr Bewußtsein und ihren Willen auszubilden. Damit sie nicht zurückfallen, brauchen Schulkinder aufmerksame Begleiter, die sie beharrlich motivieren, selbständiger zu werden, und die sie förderlich anleiten, wirkungsvoll und verantwortlich zu handeln.

Das selbständige Handeln muß sich an der Realität erweisen und verbessern. Deshalb sollten konkrete Fehler und Mißerfolge auch tätig handelnd *ausgeglichen* werden. Und da es für das selbständige Wollen und das logische Überlegen immer mehrere Aspekte gibt, sollten die Absichten vernünftig *abgeklärt* oder gegenüber der allgemeinen Moral «Man macht das so und so . . .» abgewogen werden.

Bewältigen Schulkinder diese Entwicklungsphase, entwickeln sie eine vernunftorientierte Willenskraft, von der sie ihr ganzes weiteres Leben profitieren werden.

Pubertäre **Jugendliche** schließlich müssen sich neu finden. Hormonelle Entwicklungen verändern ihren Körper und beeinflussen ihr seelisches Befinden. Ihre geistigen Kräfte, abstrakt analysierend zu bewerten, lassen sie Lösungen für alte und neu erkannte Probleme suchen. Sie müssen viel erleben, um sich finden zu können. Sie wollen sich selbständig behaupten, indem sie sich aus bestehenden Verhältnissen lösen und auf andere neu beziehen. Sie müssen sich authentisch entscheiden und sich zugleich in die Gesellschaft integrieren.

Sie gewinnen zwar ihre Ausrichtungen, zu wirklicher Selbständigkeit fehlen aber noch die Kompetenzen und Finanzmittel.

Mit der Erziehung ist es nun eigentlich vorbei. Kommt zuviel Druck, weichen die Jugendlichen in ihre Cliquen aus. Und kommen aus der Clique unerwünschte Erwartungen, wechseln sie die Clique. Jugendliche lassen sich am ehesten durch *kritisch stützende* Gespräche beeinflussen – allerdings auch nur durch solche, die zugleich emotional Anteil nehmen und ihre ausrichtende Suche unterstützen.

«Nun kapier doch endlich ...»:
Erfahrungen vermitteln

Könnten Menschen isoliert, jeder für sich leben, bräuchte man keine Gesellschaft. Würde die spontane Motivation ausreichen für die Reifung der Anlagen, das Lernen von Fertigkeiten und die Entwicklung von Fähigkeiten, bräuchten wir keine Pädagogik. Würden zufällig Erfahrungen ausreichen und nicht schädigen, bräuchten wir keine schützenden Regeln. Gäbe es keine Entwicklungsrisiken, bräuchten wir weder Prävention noch Familienpolitik. Realität ist jedoch, daß wir junge Menschen für diese Welt erziehen und die Welt menschengemäß gestalten müssen.

Erziehung gelingt nicht, wenn sie hauptsächlich in überreichen Kinderzimmern und vor bunten Flimmerkisten stattfindet. Denn Erziehung geschieht im Miteinander und im Tätigsein, braucht Gemeinschaften und Ziele, die über den materiellen Eigennutz hinausweisen, also z. B. familiäre Geborgenheit und schulisches Lernen, hobbymäßige Interessen und politisches Engagement.

Gute Pädagogik ist ein Teil sinnvoller Weltgestaltung.

Manche Zusammenhänge der Natur offenbaren sich direkt, sinnlich und unabweisbar: Wenn sich dunkle Wolken am Himmel zusammenziehen, wird es regnen und man selbst bald naß. Aber uns ist auch eine ganz andere Erfahrung möglich: Wenn man wegen der dunklen Wolken einen Regenschutz mitgenommen hat, schadet der Regen nicht mehr, sondern bringt vielleicht sogar Spaß. Das eigene Handeln verändert die Ereignisse und wirkt dadurch auf uns zurück.

Jüngere Kinder müssen die Welt und sich selbst aktiv erproben, um ihre Möglichkeiten sinnlich zu erfahren. Sie gelangen durch Erfahrung zum Wissen, nicht umgekehrt.

Leider sind viele sinnliche Erfahrungen schlicht zu schädlich und zu gefährlich, um sie unbedenklich zuzulassen. Eltern werden mittels der verbietenden Weisung «Vorsicht, heiß! Du greifst nicht auf den Herd hinauf!» verhindern, daß ihr Kind sich verbrennt. Andererseits sollte Erziehung dem Kind als ‹Ersatz› eine indirekte, aber *angemessene* Erfahrung *vermitteln*.

«Achtung, vielleicht ist es ganz heiß auf dem Herd. So wie hier. Komm, wir gehen mal zusammen ganz vorsichtig mit der Hand heran. Spürst du schon, wie es wärmer wird? Du kannst dich verbrennen und dir sehr weh tun. Deshalb darfst du nie auf den Herd hinaufgreifen!»

> **Erziehung rückt absichtlich *angemessene Erfahrungen*
> zwischen das Erfahrungsvermögen des Kindes
> und die überfordernde Realität.**

Greifen Zusammenhänge komplex ineinander, sind sie oft weder sinnlich erspürbar noch direkt erfahrbar, dennoch wissen wir von ihnen. Wissenschaftliche Untersuchungen zeigen, daß jeder Sonnenbrand die Wahrscheinlichkeit für Hautkrebs erhöht. Man spürt den Zusammenhang nicht unmittelbar und wird den akuten Sonnenbrand schon bald vergessen haben. Aber das abstrakte Wissen um die Gefährdung sollte unser Verhalten genauso steuern wie sinnliche, selbst vollzogene Erfahrungen. Deshalb sollte Erziehung junge Menschen dazu *befähigen*, sich ihrem Wissen gemäß verhalten zu können: In diesem

Fall hieße das, gegen die intensiven Sonnenstrahlen ein Hemd überzustreifen.

Auch die Zusammenhänge unserer sozialen Lebenswelt sind häufig indirekt und bleiben folglich diskret verborgen: Die mollige Wärme einer Fernheizung gibt unmittelbar keinerlei Aufschluß über die komplizierte Energiegewinnung. Die bunt verpackte Tütenmilch im Supermarktregal läßt nichts mehr vom ländlichen Kuhstall und dem verläßlich sterilen Transport bis ins Ladenregal hinein ahnen. Und hinter dem erfolgreichen Verhandlungsgeschick eines Managers erkennt man wohl kaum die Auswirkungen der frühen Sozialerziehung im Kindergarten.

Der Soziologe Émile Durkheim nannte diese Verdecktheit gesellschaftlicher Prozesse zu Anfang des Jahrhunderts die «A-nomie» (Un-Benanntheit). Er sah in der Indirektheit und der Entfremdung vom Eigentlichen die Ursache dafür, wenn Jugendliche kriminell oder sogar selbstmordgefährdet waren.

Während Erwachsene das, was sie nicht direkt erfahren, aus Büchern und anderen Medien lernen können, brauchen Kinder Bezugspersonen, die ihnen verborgene Zusammenhänge glaubwürdig vermitteln können.

> Petra bekäme Karies, wenn sie ihre Zähne nicht putzen würde. Zunächst spürt sie bei ihren Schleckereien keine Schmerzen, denn die Zahnfäule bekäme sie irgendwann viel später.
>
> Ihre Eltern hingegen wissen aus Büchern und Erklärungen um die Zusammenhänge. Und deshalb putzen sie selbst ihre Zähne aus Vernunft und ihrer Tochter zum *Vorbild*. Sie *erklären* Petra, warum, und verlangen das Zähneputzen mittels einer *Anweisung*.

Petras Eltern *ziehen Konsequenzen* aus ihrem Wissen, indem sie sich selbst vorbildlich verhalten. Sie vermitteln ihr Wissen und appellieren an die Vernunft. Sie setzen eine direktive Anweisung, um das notwendige Verhalten auch zu erwirken, falls ihr Vorbild nicht wirkt. Sie bringen ihre Tochter zu einem Verhalten, dessen Sinn diese noch nicht erfassen kann, das aber gut für sie ist und ihre weitere Entwicklung schützt. Das Mädchen wird sich wahrscheinlich darauf einlassen.

> Kinder erfahren die Realität auch über ihre Bezugspersonen
> und deren Erziehungsmittel.

Ganz nach Bedarf:
Wirksame Erziehungsmittel

Indem Erziehende sich zwischen das Kind und die nicht kindgemäßen Realitäten stellen, werden sie für das Kind zu dessen wichtigster Realität. Erziehende können diese Macht mißbrauchen. Oder sie bemühen sich redlich, komplizierte Vorgänge und diskrete Zusammenhänge so aufzubereiten, daß sie dem Kind erklärbar, angemessen erfahrbar und bewußt werden: Zur Vermeidung eines Unfalls wird vorher *eingegriffen*. Statt eines quietschenden Autoreifens soll nun das *Gebot,* am Bordstein zu warten, das Kind zurückhalten. Statt der erst viel später schmerzenden Karies motiviert ein elterlicher *Hinweis* zum Zähneputzen. Damit es nicht immer erst Ärger gibt, verlangt eine vereinbarte *Regel* das Zimmerputzen. Weil das Kind nicht selbst an den Regenmantel gedacht hat, muß es zum *Ausgleich* sein nasses Haar abrubbeln und sich zehn langweilige Minuten an der Heizung trocknen. Und damit die Jugendliche nächste Woche nicht schon wieder pleite ist, diskutiert die Mutter mit ihr geduldig und *kritisch-stützend* zugleich die anstehenden Taschengeldausgaben.

Erziehende setzen ihre Erziehungsmittel ein, um die Kinder *wirksam* von bestimmten Verhaltensweisen abzubringen oder sie *wirksam* zu bestimmtem Verhalten zu führen, so wie sie es langfristig für förderlicher halten. Sie mögen ihre Maßnahmen zusätzlich wortreich begründen. Die Fähigkeit zur entsprechenden Verhaltens-Steuerung wird bei Kindern jedoch nicht durch wiederholte Erklärungen stärker, sondern durch häufigere Umsetzungen.

Die alltägliche Kariesprophylaxe trainiert Petras Selbst-Steuerung. Zunächst wird die Selbst-Steuerung vielleicht nur durch die angekündigte Belohnung oder Strafe erwirkt, doch hoffentlich bald durch Petras eigene ‹vernünftige Willenskraft›.

Eltern wenden ihre Erziehungsmittel meist intuitiv an. Aber Erziehungsmittel sind wie Medizin: zuwenig ist wirkungslos, zuviel ist schädlich. Und Dauergaben belasten das (Beziehungs-)System und entfalten unspezifische Nebenwirkungen.

Manche Erzieher greifen grundsätzlich auf zwar früher bewährte, doch inzwischen längst unterfordernde Lenkungsmethoden zurück. Das hält ihre Kinder unmündig und abhängig. Pubertierende Jugendliche entziehen sich derart unpassenden Methoden schlicht, indem sie rebellieren oder nicht mehr nach Hause kommen.

Die antiautoritäre Bewegung nach 1968 wurde von Studenten und jungen Leuten betrieben, die sich nicht mehr länger von starrsinnigen Konservativen maßregeln lassen wollten. Diese jungen Erwachsenen verfügten über genügend eigene vernünftige Willenskraft, wollten endlich selbst über ihr Leben entscheiden und ihre Umwelt aktiv mitgestalten. Sie hatten beste Fähigkeiten zur Verhaltens-Steuerung.

Später erklärten sie ihr Emanzipationsbedürfnis zu dem ihrer Kinder, die freilich noch längst keine Fähigkeiten für *bemühte Anpassung, willentlich überlegtes Handeln, authentische Ausrichtungen* und *produktive Bindungen* entwickelt hatten. Dadurch kippte die ‹antiautoritäre› Erziehung ins Laissez-faire, ins ‹Laufenlassen›.

Heute erziehen die so aufgewachsenen Menschen ihre eigenen Kinder und hoffen von Anfang an auf deren intuitive Anpassung, sprachliche Selbst-Steuerung und vernünftige Willenskraft. Daß Kinder diese Fähigkeiten erst mühsam entwickeln müssen, übersehen sie leider oft.

Aufmerksam erziehende Eltern nutzen die Palette der verschiedenen Lenkungsmittel möglichst flexibel: Wenn es im Familienalltag gerade gut läuft, schon vom nächsten Entwicklungsschritt des Kindes her ‹er-ziehend›, wenn eine Krise durchschritten werden muß, mit einem in früheren Entwicklungsphasen bewährten Mittel, quasi ‹er-schiebend›. Im Normalfall finden sich genügend Lenkungsmittel, die der jeweiligen Situation angemessen sind. So entsteht ein gutes Erziehungsklima, das kompensiert, wenn Eltern nicht immer alles richtig machen.

> **Die Effektivität der erzieherischen Mittel hängt vom Entwicklungsstand und der Situation ab – nicht vom Alter.**

Hier ist Schluß!
Strafen und Sanktionen

In Deutschland sind Strafen ein besonderes Erziehungsthema. Noch 1963 wurden die meisten zwölf- bis vierzehnjährigen Hauptschüler zu Hause und in der Schule mit dem Stock geschlagen. Damals lehnten nur etwa 20 Prozent der Eltern und Hauptschullehrer Körperstrafen grundsätzlich ab.

Heute sind Schläge zum Glück für die allermeisten Erziehenden absolut indiskutabel. Dennoch kennen Eltern das Gefühl, daß «ihnen gleich der Kragen platzt», oder sie ringen damit, daß «ihnen doch mal die Hand ausrutscht».

In den USA forderte der Erfolgsautor Rudolf Dreikurs seit Mitte der sechziger Jahre einen Ersatz für die bis dahin auch in Nordamerika üblichen körperlichen und seelischen Strafen. Er nannte das neue erzieherische Mittel, das zugleich Intelligenz, Kreativität und Kooperation fördern sollte, ‹logische› oder ‹natürliche Konsequenzen›. Kinder sollten von nun an durch die Notwendigkeiten der Wirklichkeit und nicht mehr durch die autoritär strafende Macht der Erwachsenen erzogen werden.

Dreikurs' Ansichten wurden populärer, als in den USA die junge Generation gegen die Greuel des Vietnamkriegs aufbegehrte, gebildete junge Leute den Traum von der Gleichberechtigung aller Menschen umsetzen wollten und Amerika gleichzeitig ins Zeitalter der modernen Technologie aufbrach. Man wollte Intelligenz, Kreativität, Kooperation, Leistung und Lebensfreude fördern. Druck, autoritäre Anweisungen, Schläge und Anpassungszwang waren bei den gutbürgerlichen, weißhäutigen Vorortfamilien verpönt. Statt dessen sollten die überbehüteten Wohlstandskinder mit *logischen Konsequenzen* erzogen werden. Den Vandalismus armer Ghetto-Jugendlicher hingegen brandmarkten Dreikurs und sein Mitautor Grey völlig unliberal als einen «Krieg der Generationen».

Die Ausübung ‹logischer Konsequenzen› verdeutlichte Dreikurs am Verhalten einer pubertären Dreizehnjährigen:

> Das Mädchen ließ seine Kleidung im ganzen Zimmer herumliegen, statt sie aufzuhängen oder der Mutter zum Waschen zu geben. Erst als die Mutter nicht mehr nur darüber schimpfte, sondern wortlos die Kleider weder aufräumte noch wusch, wurde die Tochter aufmerksam. Denn nun mußte sie «logischerweise» so lange in den verknitterten Sachen zur Schule gehen, bis sie die Kleiderpflege selbst übernahm. Daraufhin wurde sie im Umgang mit ihrer Kleidung selbständiger und sorgfältiger.

Dreikurs' Beispiel bestätigt die alte Devise «Wer nicht hören will, muß fühlen» nur scheinbar. Denn eine ausführlichere Analyse weist erstaunliche Aspekte auf. Das Mädchen war

▷ motiviert, in der Schule gepflegt zu erscheinen,
▷ clever genug, die Mutter dazu zu bringen, ihre Kleidung zu pflegen,
▷ fähig, das Schimpfen der Mutter zu ignorieren,
▷ fähig, die Gewohnheiten zu ändern, als die Mutter nicht mehr mitspielte, und
▷ fähig, seine Kleidung selbst zu pflegen.

Anders gesagt: Erst die ‹logische Konsequenz› der Mutter hatte bewirkt, daß die bisher überfürsorglich behandelte Tochter zu angemessenem, selbständigem Verhalten kam.

Dieses Vorgehen, ‹logische Konsequenz› an die Stelle autoritärer Druckmittel zu setzen, hat seither Millionen Eltern imponiert, denn viele Jugendliche könnten bereits bewußt und selbständig handeln, wenn die Eltern sie nur forderten und handeln ließen. ‹Logische Konsequenz› bewirkt jedoch nichts, wenn die Fähigkeiten zur Verhaltens-Steuerung noch nicht ausreichend ausgebildet sind und nicht sinnvoll angefordert werden.

Auch in Deutschland wurde das autoritäre Denken nach 1968 nur schrittweise überwunden.

1972 befragte die damals weitverbreitete Zeitschrift ELTERN etliche Fachleute und Eltern: «Wie straft man heute?» Die Antworten klangen recht «durchwachsen». Eltern sollten sich demnach auf Ge- und Verbote beschränken, selbst Vorbilder sein und ein gutes Leben führen sowie zunächst ruhig die schwächsten Konsequenzen androhen und erklären. Sie sollten also nicht mehr prügeln. Dann diskutierte die Runde die Ergebnisse der experimentellen Lernpsychologie. Ein damals bekannter Erziehungsberater suchte die Ursachen für das bis dahin übliche Schlagen in der Tiefenseele der Eltern. Ein anderer bekannte sich zu einer «Erziehung der festen Hand ohne Schläge» und formulierte: «Es muß einen zeitlichen und einen innerlichen kausalen Zusammenhang zwischen Aktion und Reaktion geben. Je selbstverständlicher und abgewogener, tatangemessener diese Reaktion erfolgt, desto einsichtiger und lehrreicher ist der Zusammenhang für das Kind oder den Jugendlichen.» Schließlich zog ein Referent die Bilanz, daß die richtige Anwendung von Strafe vorerst noch eine Kunst bleibe.

Man diskutierte auf der Tagung von 1972 also noch immer hauptsächlich unter dem Aspekt, ein von den Erwachsenen erwünschtes Verhalten herbeizuführen (zitiert nach Beer, 1972).

Zweifellos sind autoritäre Schläge noch immer nicht ganz aus der Pädagogik verbannt. Die Mehrzahl der Eltern toleriert eine «Ohrfeige» als geeignetes Erziehungsmittel. Bei einer Befragung im September 1997 meinten 81 Prozent von fast tausend Befragten: «In bestimmten Situationen kann ein Klaps nicht schaden» (Spiegel-special, 1997, 12, S. 17). Ganz entschieden gegen die Körperstrafe sprach sich 1994 die Kinder-Enquete-Kommission des Landtags von Baden-Württemberg aus: Sie empfahl, das Elternrecht auf körperliche Bestrafung mit der

Begründung abzuschaffen, Deutschland sei das letzte europäische Land, in dem dieses Recht noch gelte. Außerdem verdeutlichen die Ergebnisse empirischer Forschungen, unter welchen Bedingungen welche Strafen erzieherisch wirksam werden (vgl. Uhl, 1996), so daß man von den Wirkungen her über den Sinn und das richtige Maß von Strafen und Sanktionen diskutieren kann.

Normalerweise tragen Menschen die angemessenen Konsequenzen ihres Verhaltens selbstverständlich. Können die ‹natürlichen› oder ‹logischen Konsequenzen› jedoch nicht vermittelt oder zugemutet werden, setzt die Gemeinschaft stellvertretende Strafen. Verweigert sich eine Person aber sowohl den angemessenen Konsequenzen als auch den stellvertretend gesetzten Strafen, verletzt sie das sozial grundlegende Verantwortungsprinzip derart, daß sie erzwingende Sanktionen auf sich zieht.

In der pädagogischen Erörterung sind daher die angemessenen und die strafenden Konsequenzen eines Tuns deutlich zu unterscheiden von den prinzipiellen Sanktionen für die Verletzung eines sozialen Prinzips. Bereits Kinder im Einschulungsalter vollziehen diese Unterscheidung, indem sie zum Ausgleich mißachteter Regeln Strafpunkte oder Strafrunden ansetzen und erst dann massiv mit dem Ausschluß vom Spiel sanktionieren, wenn ein Kind sich den Regel-Konsequenzen verweigert.

Sanktionieren Erziehende, beispielsweise wenn ein älteres Kind sich weigert, einen gestohlenen Gegenstand zurückzugeben, sollte dies:

▷ das angemessene Erziehungsmittel durchsetzen,
▷ so abschrecken, daß die Prinzipienverletzung nicht mehr auftritt,
▷ das Problem so abschließen, daß man wieder zuversichtlich miteinander umgehen kann.

Strafende Konsequenzen bezwecken stellvertretenden Ausgleich. Prinzipielle Sanktionen erzwingen Anpassung.

Ich komme in Kapitel 3 **Konsequenzen setzen** darauf zurück.

2. | KONSEQUENZEN LERNEN

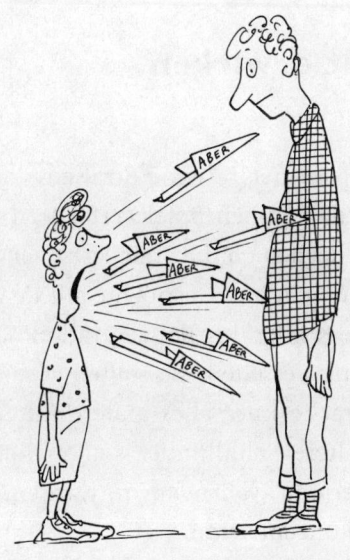

Entwickelt man erzieherische Konsequenz, verändert das die eigene Persönlichkeit und das Familienleben. Ich empfehle Ihnen, in drei Phasen konsequenter zu werden:

▷ Konsequenz *lernt* man durch vier einfache Verhaltensweisen, die ich in diesem Kapitel ausführlich beschreibe. Sie werden erleben, daß das Erziehungsklima sich positiv ändert, schon bevor Sie gezielte Konsequenzen setzen. Kapitel 3 zeigt, welche Konsequenzen entwicklungsgemäß bevorzugt zu *setzen* sind. Schließlich erläutere ich im 4. Kapitel, welche Konsequenzen Erziehende für ihren Familien- und Lebensstil *ziehen* sollten.

Hervorgehobene Merksätze (vgl. auch Übersicht auf den Seiten 8 und 9) fassen die jeweiligen Aspekte zusammen. Lesen Sie die Kapitel zunächst ganz durch. Wählen Sie sich dann diejenigen Merksätze aus, die zu Ihrer individuellen Situation besonders gut passen, und üben Sie die Anwendung der ausgewählten Merksätze.

In den Wind gerufen:
Aufmerksamkeit erwirken

Nicht nur die gefährliche Treppe, der rasende Straßenverkehr, der volle Suppenteller und die gemeinsamen Spiele erfordern die Aufmerksamkeit von Kindern, sondern auch die erzieherischen Weisungen, Hinweise, Regeln, Abklärungen und Gespräche mit den Bezugspersonen. Zwar können jüngere Kinder ihre Konzentration noch nicht auf mehrere Abläufe gleichzeitig verteilen, sie sollten aber bei einer deutlich vernehmbaren Ansprache kurz alles andere unterbrechen und aufmerksam reagieren. Ältere Schulkinder sollten ihre Umgebung beiläufig, quasi im Hinterkopf wahrnehmen, während sie sich vordergründig auf eine Sache konzentrieren.

Vor vielen Jahren lernte ich etwas Entscheidendes:

Ich hatte einen Hausbesuch vereinbart, weil ich wußte, daß der Familienvater blind war. Die Eltern hatten gesunde Kinder und brauchten kaum äußere Unterstützung.

Die normal sehende Mutter hatte meine Beratung zur Lese- und Rechtschreibschwäche eines der Kinder erbeten. Und nach der Diagnose in der Beratungsstelle wollte ich nun den allgemeinen Umgang innerhalb der Familie beobachten.

Diese Familie war ganz besonders auf die Sprache angewiesen. Der Vater konnte seine Kinder «nicht im Auge behalten», um sie vor Gefahren zu schützen oder um ihnen bei den Hausaufgaben zu helfen. Er konnte seinen Kindern nicht hinterherlaufen, um sie zu kontrollieren, und er konnte nicht loben, was er zuvor hätte sehen müssen. Was vereinbart worden war, mußte «unbesehen» gelten. Es mußte eindeutig sein, was gehört und eingedrungen war und was nicht.

In dieser Familie wurde nicht mehr gesprochen als in anderen Familien, dennoch gab es ständig sprachliche Rückmeldungen, z. B. «jaha», «hmmm». Mir fiel anfänglich nicht auf, wie präzise damit kommuniziert wurde, sondern nur, daß zwischen den Familienmitgliedern eine ruhige Aufmerksamkeit bestand.

Später erkannte ich an dieser Beobachtung dreierlei:

▷ In dieser Familie bestand unbedingte *Aufmerksamkeit* füreinander.
▷ Das gesprochene *Wort* galt absolut verläßlich für alle Familienmitglieder.
▷ Die ständigen *Rückmeldungen* bestätigten, daß und wie die Botschaften ankamen.

Hier herrschte keine besondere Erziehungsideologie, sondern durch die Blindheit des Vaters eine Notwendigkeit, in dieser Klarheit miteinander umzugehen. Und das funktionierte ruhig, selbstverständlich und eindeutig.

Ist man unsicher, ob das angesprochene Kind aufmerksam ist, erfragt man eine *Rückmeldung*, z. B. «Hast du verstanden?» Bleibt ein Kind dennoch fahrig, schafft man *Körper*- und *Blickkontakt*: «So, jetzt bist du hier. Nun sieh mich mal an!» Anschließend erwirkt man die

ausstehende Rückmeldung: «Also, was habe ich eben gesagt?» Und
sobald die Rückmeldung angekommen ist, folgt als dritter Schritt die
Ermunterung: «So, dann also los!»

> Der vierjährige Lars hockt im Vorgarten. Viermal hat die Mutter ihn
> nun schon hereingerufen. Aber Lars hat gerade einen Krabbelkäfer
> gefangen. Die Mutter klagt: «Wenn er wenigstens zurückrufen
> würde.» Der Vater beruhigt sie: «Damit müssen wir halt noch etwas
> Geduld haben.»

Geduld? Lars wird das Rufen gehört haben. Verstünde er die Bedeutung des Rufens noch nicht, wäre tatsächlich Geduld erforderlich.
Hätte ihn die Mutter aber zum Ausschlecken des Puddingtopfs gerufen, wäre er angerannt gekommen wie der Blitz. Daß die Mutter ihn
ruft, sollte Lars aufmerken lassen – egal, was er gerade tut. Statt dessen erfährt er immer wieder, daß er die Aufforderungen seiner Mutter
überhören darf. Diese sollte zunächst einmal grundsätzlich auf einer
Rückmeldung bestehen: «Doch, du hast mich gehört, du kannst antworten, und jetzt kommst du erst mal her. Ich warte!» Und wenn er
dann da ist: «Lars, was habe ich gerufen?» – «Zur Mama kommen!» –
«Na also, jetzt bist du ja da.»

Nicht nur Kinder sind oft unaufmerksam. Auch Erziehende nehmen oft nicht wahr, daß ihre Worte ungehört verhallen. Es ist dann
wirkungslos, Anweisungen zu wiederholen oder laut zu werden.

> Die Mutter ruft während der Hausaufgaben und der anschließen-
> den Spielzeit immer wieder ins Kinderzimmer: «Karla, übe auch
> noch ein bißchen Lesen!»
> Nach einigen Wiederholungen steigert die Mutter ihren Ton zum
> ärgerlichen Herumschreien, bis sie schließlich aufgibt, «weil es
> wieder einmal viel zu spät zum Üben ist».
> So wird Karla auch an diesem Abend erklären können, daß sie lei-
> der, leider nichts gehört habe.

Warum holt die Mutter ihre Tochter nicht zu sich, um nachzufragen,
was diese verstanden hat? Karla jedenfalls hat sehr gut «gelernt», ihre
Mutter zu überhören – und diese läßt das zu.

Die erste verborgene Botschaft solcher Episoden lautet: «Du
brauchst nur hinzuhören, wenn du Lust dazu hast.» Das Kind hält na-

türlich gern an seinem Lustprinzip fest und nutzt den vorhandenen Spielraum. Es lernt, sich nicht zuzuwenden.

Die zweite diskrete Botschaft lautet: «Du darfst selbst entscheiden, ob dir meine Worte etwas bedeuten oder nicht!» Das nimmt Hinweisen, Bitten oder Ratschlägen die Wichtigkeit und dem Erwachsenen viel Autorität.

Beides untergräbt allmählich jede Eltern-Kind-Beziehung. Nicht von ungefähr sind häufiger verbitterte Formulierungen wie z. B. «Manchmal könnte ich das Kind an die Wand klatschen» von zwar unermüdlichen, faktisch aber unaufmerksamen Müttern zu hören.

Da sich einprägt, was man wiederholt tut, verinnerlichen unaufmerksame Kinder ihr unaufmerksames Verhalten. Und inkonsequente Erzieher werden zu einflußlosen Quälgeistern.

Auf Spiel- oder Campingplätzen kann man oft beobachten, wie manche Eltern unablässig auf ihre Kinder einreden und jede Aktion kommentieren, obgleich die angesprochenen Kinder weder hinhören noch reagieren. Derart unaufmerksame und ignorante Eltern erleben zwar den Widerwillen ihrer Kinder gegen Weisungen und Bitten, fordern aber die eigentlich schon möglichen Leistungen ihrer Kinder nicht entwicklungsgerecht an. Das führt dazu, daß die unterforderten Kinder sich unterschätzt und nicht ernst genommen fühlen. Und das wiederum bremst die Ausbildung von Reaktionsbereitschaft, Koordination, Einlassen, Steuerung, Willenskraft und Ausrichtung. Es behindert die Entwicklung der Fähigkeiten zur Verhaltens-Steuerung. In solchen Fällen sollten Eltern ihre Kinder aus der Distanz beobachten, damit sie deren Fähigkeiten reell einschätzen lernen.

Unaufmerksamen Eltern und Kindern helfen Konzentrationstrainings oder Belohnungsprogramme wenig. Statt dessen empfehle ich diesen Familien das *Aufmerksamkeitstraining Alltag*:

▷ Reagiert ein Kind nicht auf Ihre erste Ansprache, erwarten Sie beim zweiten eindeutigen Aufruf aufmerksam eine Rückmeldung.

▷ Kommt keine Reaktion, brechen Sie entweder die Kontaktaufnahme ab oder erwirken Sie *Blick-* und *Körperkontakt*.

▷ *Ermuntern* Sie das Kind, das Anstehende zu tun, und *kontrollieren* Sie aufmerksam den weiteren Ablauf.

Das *Aufmerksamkeitstraining Alltag* lautet in einem kurzen Merksatz:

> **Ansprechen und Aufmerksamkeit erwarten,**
> **eine Rückmeldung erwirken und ermuntern.**

Nur nichts überstürzen:
Zuwarten oder wiederaufgreifen

Solange ein Kind sich bemüht und ein Ziel erreichen könnte, sollte man zuversichtlich und beharrlich zuwarten.

> Die fünfjährige Kati fummelt bemüht und konzentriert an ihren Mantelknöpfen, doch das Zuknöpfen gelingt ihr nur langsam. Da hilft die Mutter nach und knöpft den Mantel schnell selbst zu, denn sie will endlich und ohne Ärger das Haus verlassen.

Aber ist das förderlich? Kati möchte das Zuknöpfen selbständig *können*. Stück für Stück findet sie den Dreh heraus und trainiert dabei frühe Konzentration, Ausdauer und Feinmotorik. Ihre Mutter unterbindet diese wichtigen Lernprozesse vorschnell, weil sie in Eile ist.

Zuversichtliches *Zuwarten* wäre förderlicher, denn das Kind könnte seine neugewonnenen Fähigkeiten länger üben. Ein bißchen Zuspruch würde sein Tun beschleunigen und ihm das Gefühl vermitteln, in seinem Bemühen ernst genommen zu werden.

Nach Weisungen, Hinweisen, Regeln und Abklärungen ist manchmal ein ‹beharrliches Zuwarten› notwendig: «Nein, du holst jetzt erst deine Schuhe, bevor du zu mir kommst.» – «Aber ...», widersetzt sich das Kind. «Jetzt hole erst deine Schuhe!» – «Aber ...», versucht es das Kind ein weiteres Mal. «Nein, du gehst jetzt deine Schuhe holen!» halten Sie beharrlich durch. Ihr konsequentes Wiederholen wirkt wie eine defekte Schallplatte, wird das Kind bald langweilen und nerven – aber dann auch wirken.

Gelegentlich ist es für Sie und Ihr Kind praktischer, wenn Sie eine augenblicklich schwer lösbare Situation zunächst beenden, indem Sie vorläufig nachgeben. Beispielsweise bezahlen Sie an der Supermarktkasse den von Ihrem Kind untergeschobenen Lolli. Oder Sie schicken die streitenden Geschwister zur Besinnung erst einmal in verschiedene Zimmer. Oder Sie beenden den Familienstreit zunächst, indem Sie sich vorübergehend auf den Balkon zurückziehen.

Lassen Sie die Angelegenheit dann jedoch nicht auf sich beruhen. Die verborgene Botschaft würde nämlich lauten: «Aus den Augen, aus dem Sinn.» Oder bei älteren Kindern: «Du kannst machen, was du willst, du mußt nur Abstand gewinnen, wenn's ernst wird.»

Gibt es also im Moment keine gute Lösung, ist vielleicht die Erregung zu hoch oder fehlt schlicht die Zeit, sollte man die problematische Situation später *wiederaufgreifen*: «Dein Gequengel vorhin im Laden hat mich sehr geärgert. So geht das nicht. Ich habe zwar den Lolli gekauft, aber bei dem Ärger wirklich nicht für dich!» Und Sie lassen den Dauerlutscher verschwinden und halten den kindlichen Protest jetzt aus.

> **Beharrlich zuwarten oder wiederaufgreifen,**
> **aber nicht laufenlassen.**

Aufmerksame Eltern praktizieren sowohl das *Zuwarten* als auch das *Wiederaufgreifen* tagtäglich. So ist bei der Durchsicht der schulischen Hausaufgaben regelmäßig beharrliches Zuwarten nötig. Ungeduldige Hinweise würden nur das selbständige Denken, die übende Fehlerkorrektur und den anschließenden Leistungsstolz behindern. Auch wenn Eltern geneigt sind, schnell helfend einzugreifen, ist die Weisung: «Versuche es erst mal allein. Ich schaue in fünf Minuten wieder bei dir vorbei» wichtig: Schließlich geht es um die Aufgaben, die Verantwortung und das Selbstbewußtsein des Kindes!

Konsequente Eltern können auch lästerliche Flüche über die Lehrer und die Hausaufgaben zunächst übergehen, sofern sie die Bemerkungen später wiederaufgreifen, um die Einstellung des Kindes im Gespräch zu klären und zu verbessern.

> Die Lernpsychologie hat vielfach nachgewiesen, daß es besser ist, ein unangemessenes Verhalten zu ignorieren, als es direkt zu bestrafen. Doch die Experimente erfassen wahrscheinlich nur die halbe Wahrheit: Wenn Anpassung und Lernen durch Aufregung blockiert sind, hilft nur Ignorieren. Die Angelegenheit später wiederaufzugreifen zeigt dem Kind konsequent seine Grenzen und veranlaßt es, sich für das nächste Mal ein anderes Verhalten vorzunehmen.
>
> Eine *Doppelstrategie* mit diesen beiden Ansätzen überwindet die große Debatte der Psychotherapie, ob nun zuerst das Verhalten oder zuerst die Einstellung geändert werden sollte. Und sie erleichtert den Eltern, für das nächste Mal vorbeugende Konsequenzen zu ziehen.

Das Situationsgedächtnis von Kleinkindern umfaßt erst kurze Zeitspannen. Warten Sie daher nicht länger, als diese sich schon anstrengen können, d. h., greifen Sie nur auf, was erst einige Minuten zurückliegt. Mit Kindergartenkindern können Sie meist wiederaufgreifen, an was diese sich seit der letzten Mahlzeit erinnern: «Weißt du noch vorhin, als ...» Da Einschul- und Grundschulkinder in der Regel schon den ganzen Tag rekapitulieren können, sollten Sie mit diesen schon die Ereignisse des ganzen Tages wiederaufgreifen können.

Das Wiederaufgreifen bewirkt meist viel und hat einen mächtigen Nebeneffekt: Es trennt das Verhalten von der Diskussion darüber ab. «Also, jetzt machen wir das erst einmal so, und heute abend reden wir dann darüber!» Und am Abend folgt gezielt aufgreifend: «Also, das war doch heute so ..., und jetzt laß uns mal überlegen, wie wir das beim nächsten Mal besser machen könnten!»

In manchen Bereichen des Familienalltags wären Komplikationen beim Einüben von Konsequenzen zu heikel. Erproben Sie konsequentes Erziehungsverhalten deshalb *nicht* beim Essen und Trinken, beim Toilettenverhalten und Schlafengehen, in Gefahrensituationen oder an den im Vordergrund stehenden Problemen. Sie können dennoch gewiß sein, daß auch an den nebensächlichen Alltagsthemen eingespielte Konsequenz auf den Umgang mit den heiklen Bereichen positiv abfärbt.

Und noch eine Anmerkung: Kindertage sollten grundsätzlich vor dem Zubettgehen versöhnlich und zuversichtlich abgeschlossen werden!

Ohne Fleiß kein Preis:
Das Bemühen fördern

Die Ausbildung der Persönlichkeit braucht Förderung und Anforderung, stellte bereits die erste approbierte italienische Ärztin, Maria Montessori, fest. Allerdings bewirken dauerhafte Überforderungen ängstigenden Streß, und permanente Unterforderungen verführen zu irrealen Illusionen. Welche Förderungen und Anforderungen also wirken angemessen und positiv? Die Antwort zeigt das Verhalten des jeweiligen Kindes.

> **Angemessen ist, was manchmal zu leicht, selten zu schwer, aber mit ein bißchen Bemühen meist zu bewältigen ist.**

Gezielte Beobachtung eröffnet Eltern einen erstaunlich guten Blick dafür, ob ein Kind sich *bemüht*: Man hört die Atemstöße, wenn ein Baby in Bauchlage den schweren Kopf hebt; man bestaunt die frühkindliche Anstrengung bei den wackeligen ersten Schritten; man spürt den Drang des Kindes, sich endlich sprachlich auszudrücken; man bewundert, wenn ein Kind erste erkennbare Formen zu malen versucht.

Normalerweise unterstützen Erziehende die Frühformen des *Bemühens* von den ersten Lebenswochen an:

Babys *reagieren*, wenn ihre Sinne und ihre Motorik *stimuliert* werden: Knuddeln fördert nachweislich die Hirnentwicklung; bunte und greifbare Spielzeuge erregen Aufmerksamkeit und lösen Reaktionen aus. Und natürlich stärkt jede liebevolle und fröhliche Interaktion das symbiotische *Lebensgefühl*.

> «Es ist nicht so, wie früher angenommen, daß sich die Nervenzellen des Gehirns im Verlauf der Hirnreifung nach einem vorgegebenen Schaltplan wie von selbst verbinden und daß damit erst die Funktion des Gehirns aufgenommen werden kann. Vielmehr entstehen die neuronalen Verbindungen aus einem vorläufigen Muster, das nicht mehr als eine grobe Annäherung an den endgültigen Zustand darstellt. Das Gehirn vergrößert sich, weil die Nervenzellen (die sich offenbar nur bis zur Geburt vermehren) wachsen und sich viele Fortsätze und Verknüpfungen erst nach der Geburt (Ergänzung des Autors: durch Erfahrung) bilden. Dieser Prozeß setzt sich bis ins Jugendalter, in verringertem Maße sogar bis in das junge Erwachsenenalter hinein, fort» (Rothenberger, Hüther, 1997).

Kleinkinder befriedigen schon manche Bedürfnisse lustvoll selbst, z. B. ihren Bewegungsdrang. Sie ‹probieren› immer und immer wieder, sich aufzurichten, stoßen sich den Kopf an der Tischplatte, plumpsen hin und rappeln sich wieder auf. Sie bringen enorm viel Anstrengung auf, sich *sensomotorisch* zu *koordinieren*.

Kindergartenkinder *leben* sich impulsiv *aus*, wo immer das geht. Werden sie von außen dazu angeleitet und eingestimmt, springt ihre Aufmerksamkeit seltener von einem Reiz zum nächsten. Dann vertiefen sie sich in ihr momentanes Tun, spielen einfühlsam in der Gruppe mit und ahmen die Erwachsenenwelt nach. Kindergartenkinder müssen noch nicht ständig wetteifern, sondern lassen sich auf die beobachteten Situationen ein. Sie bemühen sich, indem sie das Ausleben störender Impulse zurückhalten, und bereiten damit die spätere Willenskraft vor. Sie tun das intuitiv, ihren Bezugspersonen und dem ‹Wir-Gefühl› zuliebe. Bewirkt ihr Bemühen eine gute Stimmung, verstärkt ein Lob das impulsive Einlassen zusätzlich.

Vorschulkinder und **Schulanfänger** halten sich nach Kräften an ihre *Absprachen* und ringen um die Anerkennung ihrer *Autoritäten*. Das erfordert ihr *Bemühen*, die Voraussetzungen für die Anerkennung zu erfüllen und die Absprachen umzusetzen. Dabei helfen ihnen ganz wesentlich die in dieser Phase zunehmenden sprachlichen Fähigkeiten, sich *vorsätzlich zu steuern*. Eigene Vorsätze und abgesprochene Regeln müssen auch dann gelten und wirken, wenn keine erwachsenen Autoritäten sie daran erinnern. Deshalb gehören die erst viel später folgenden *Belohnungen* und *Bestrafungen* zu den Vorsätzen und Regeln dazu.

Normalerweise möchten Schulanfänger bereits an der Welt der «Großen» teilhaben und bemühen sich, bei allem mittun zu können. Ist ihr Selbstbewußtsein noch nicht stark genug, oder haben sie nicht genügend Vertrauen in sich und die Zukunft, erscheint ihnen das bisherige impulsive Ausleben einfacher, befriedigender und emotional spannender. Dann verweigern sie u. U., sich *vorsätzlich* zu *steuern*, sich an getroffenen und eingeübten Absprachen und Regeln zu orientieren, und fallen womöglich in die Kleinkindsprache zurück. Solche Kinder und ihre Familien brauchen dringend verständige Veränderungen, um sich wieder zum aktiven Bemühen motivieren zu können.

Schulkinder werden sich ihrer selbst und ihres Willens bewußt. Sie können vernünftig überlegen sowie zielgerichtet und wirksam handeln. Aber ihr Wille, ihre Vernunft und ihr Handlungsvermögen allein führen noch nicht zum Erfolg. Für den Erfolg brauchen sie zusätzlich eine *Willenskraft*, um z. B. gegen störende Stimmungen und gegen hinderliche Gewohnheiten durchzuhalten.

Wille, Überlegen und Handeln sollten am tatsächlichen Verhalten gestärkt und ausgebildet werden. Die Lenkungen durch die Bezugspersonen sollten immer weiter auf die Vernunft und die Moral des Kindes übergehen, um seine Selbständigkeit zu stärken. Erst dann kann sich das kindliche Bemühen zu *vernünftiger Willenskraft* weiterentwickeln.

Jugendliche schließlich ringen um ihnen gemäße *authentische Ausrichtungen*, mit denen sie sich in die Gesellschaft integrieren können. Sie lösen sich mühsam aus den bisherigen Prägungen, gehen neue Beziehungen ein und bilden eigene Einstellungen und Ideen aus. Sie investieren Flexibilität und Starrsinn, Nachgeben und Durchhalten, Stolz und Frustration, Liebe und Trauer.

Das *Bemühen* hat unzählige Facetten: Mal steckt es in einem winzigen Detail, ein anderes Mal äußert es sich in ausdauernder Konzentration, oder es bewirkt, starke Gefühle, z. B. Wut, zu beherrschen. Bemühen bedeutet, sich für etwas zu engagieren und sich demgemäß zu steuern.

Jüngere Kinder bringen ausgerechnet in unerwünschten Situationen besonders viel Anstrengung auf: Voller Stolz zerrt ein Kleinkind die offene Mülltüte durch die Wohnung zum Schreibtisch des Vaters, weil es beim Aufräumen helfen will. Jüngere Kinder trainieren mit solchem Verhalten ihre Ausdauer. Notfalls kann man eine akzeptablere Alternative für die Erprobung dieses Bemühens anbieten: «Die Mülltüte mußt du nun wirklich nicht rumtragen, aber den Papierkorb darfst du mir gern bringen.»

Auf das Bemühen kommt es an, weniger auf das Ergebnis.

Wie sonst könnten Eltern mit ungleichen Kindern, z. B. mit einem begabten und einem behinderten Geschwisterkind, umgehen? Was Carla leicht gelingt, überfordert Carlo. Er braucht die energische Mithilfe eines Elternteils, wenn es darum geht, das Kinderzimmer aufzuräumen, während die ältere Carla schon längst von sich aus tätig werden könnte. Das Bemühen sollte immer an den eigenen Möglichkeiten gemessen werden.

Die meisten Schulkinder entwickeln aus ihrem Bemühen *vernünftige Willenskraft*, wenn sie mit ihrer Anstrengung Erfolge verbuchen können. Es erfordert pädagogisches Geschick, *jedem* Kind Erfolge mit seinen Bemühungen zu ermöglichen.

Daniela darf trotz der miserablen Halbjahresbeurteilung für eine Ferienwoche zu ihrer Tante, die Versicherungskauffrau ist. Attraktiv daran ist, daß Daniela die Tante bei den abendlichen Kundenbesuchen begleiten darf. Sie trifft bei den Versicherungskunden auf andere Kinder, lernt deren Spielzeug kennen, erlebt andere Lebensumstände. Um die Nichte zum Rechnen zu motivieren, bittet die Tante Daniela, das Fahrtenbuch zu führen.

Daniela fährt gern mit zu den Kunden, ist stolz über das Zutrauen der Tante und *bemüht* sich eifrig. Sie rechnet nun jeden Morgen ein paar Kästchen als «kleine Versicherungsagentin», gewinnt dadurch spielerisch ihre Sicherheit im Rechnen zurück und entwickelt gleichzeitig die Einstellung: «Erst die Arbeit, dann das belohnende Vergnügen.»

Manche Kinder müssen sehr liebevoll und einfühlsam zum *Bemühen* ermuntert werden.

Katrin spricht fremde Kinder sehr ungern an, denn sie fürchtet, abgelehnt zu werden, weil sie neu in der Gegend ist. Deshalb fragt sie nie, ob sie auch mal mitspielen dürfe. Folglich bleibt sie isoliert.

Inzwischen schaut sie schon verbiestert, wenn sie andere Kinder nur von ferne sieht. So wird sie von den anderen erst recht nicht zum Mitmachen aufgefordert. Sie braucht dringend Vermittlung und Ermutigung, sich selbst zu *bemühen*. Könnte sie sich, gestützt durch elterliche Ermunterung, überwinden und beim Zuschauen lächeln, würde das ihre Chancen bereits verbessern.

Dem Bemühen können verschiedene Gründe entgegenstehen:

▷ Ein Erfolg ist von vornherein *unmöglich*.

▷ Einflüsse, z. B. ein dudelndes Radio, *stören* die Konzentration.

▷ Die Befürchtung, als «Streber» abgetan zu werden, *blockiert*.

▷ Ein erregbares Temperament *überfordert* die Selbst-Steuerung.

▷ *Fehlen* die notwendigen Fähigkeiten, können auch außergewöhnlich starke Motive nur kurze Anfänge des Bemühens auslösen.

▷ Wird das Bemühen *überfordert*, reagiert ein Kind verbissen, schlaff oder überdreht.

Solche Gründe festzustellen und sich demgemäß unterschiedlich zu verhalten bedeutet, Konsequenzen zu ziehen. Erziehende werden durch eigenes konsequentes Handeln zu Vorbildern in aufmerksamer Zuwendung, zuversichtlichem Einlassen und förderlichem Bemühen.

«Aber ..., aber ...»:
Einwände miteinander abklären

Wenn Sie das Buch bis hierher gelesen haben, haben Sie bereits konsequentes Verhalten entwickelt, ohne bisher gezielt Konsequenzen gesetzt zu haben. Vielleicht ringen Sie noch ab und zu damit, Aufmerksamkeit und Rückmeldungen von Ihren Kindern zu erwirken. Doch das sollte sich bald einspielen. Wenn dann die Partnerin oder der Partner bemerkt, daß Sie neuerdings ganz schön pingelig sind und auf Ihren Vorsätzen bestehen, kommen Sie voran!

Haben Sie sich mehr aufs *Zuwarten* ausgerichtet, wird sich das Murren bald legen. Haben sie das *Wiederaufgreifen* im Blick, wird Ihr Kind allmählich beginnen, von sich aus mitzudenken. Vielleicht haben Sie sich auch schon mal vorgenommen, nicht nur mißratene, sondern auch gelungene Situationen wiederaufzugreifen. Tun Sie das! Die Familie wird dankbar und zugewandter reagieren.

Wahrscheinlich erkennen Sie immer sicherer, wie Ihr Kind sich *bemüht* und daß Sie viel mehr von ihm erwarten können. Vielleicht entdecken Sie an Ihrem Kind sogar neue Leistungsfreude und berechtigten Stolz. Wenn es dann auch wieder anhänglicher und schmusiger geworden ist, können Sie sich bestätigt fühlen.

Wahrscheinlich tritt nun ein typisches Problem auf; neuerdings prasseln lauter große und kleine «Aber ...» auf Sie ein: «Aber wenn du mir nicht hilfst, geht es nicht ...»; «Aber Onkel Heiner hat gesagt, ...»; «Aber ich will doch nur noch schnell ...». Und irgendwie sind diese Aber-Einwände nicht mal ganz abwegig. Sie bitten Ihr Kind, daß es sich vor dem Essen die Hände wäscht, und schon kommt: «*Aber* ich muß erst noch schnell zu Ende malen.» Sie sind hin und her gerissen. Bemühen Sie sich, den Einwand zunächst positiv zu sehen. Das «Aber» bietet Gründe an, auf die Sie eingehen können: «Also, du willst jetzt zu Ende malen, und ich will dich in zwei Minuten mit gewaschenen Händen hier am Tisch haben. Was sollen wir machen?»

Falls das Kind zunächst weitermalt, unterbrechen Sie das Malen, erwirken Aufmerksamkeit, erinnern an Ihre Weisung und warten beharrlich auf Rückmeldung. Das Kind wird entweder schmollend weitermalen, dann setzen Sie ihr Gebot gleich beherzt durch und führen das Kind direkt ans Waschbecken.

Oder das Kind erklärt Ihnen plausibel, was es «aber» noch ganz kurz zu Ende bringen wollte – wahrscheinlich können Sie darauf eingehen.

Wenn das Kind jedoch keinen angemessenen Vorschlag macht, gilt Ihr Wort: «Also, das wird wohl nicht so klappen. Du gehst bitte gleich zum Händewaschen.» Nun sind die Verhältnisse wieder klar.

Der Schlüssel für soziales Miteinander ist das Gespräch. Deshalb sollten Kinder, sobald sie mitreden können und wollen, auch mitreden dürfen. Bringen sie brauchbare Lösungsvorschläge ein, können diese aufgenommen werden. Aber:

Nur ‹gute› Vorschläge zählen – im Zweifelsfall entscheiden Sie!

Es ist schon peinlich, daß Martin an der überfüllten Selbstbedienung sich einfach nicht für ein Mittagessen entscheiden kann und mit seinen «Wenn ...» und «Aber ...» den ganzen Betrieb aufhält. Deshalb sprechen sich die Eltern kurz ab. Sie wollen ihm nun eine Regelung in Aussicht stellen: «Wir wollen hier nicht wieder ein solches Hin und Her mit dem Bestellen haben. Wir fragen dich zuerst, und wir helfen dir gern beim Auswählen. Aber wenn du dich nicht entscheidest, nehmen wir für dich die üblichen Pommes mit Salat!»

Die Eltern bieten Martin in dieser Situation:
▷ entwicklungsgemäße Ansprache mit einer Regel,
▷ eine Erklärung ihres Verhaltens
▷ sowie ein Modell für sinnvolles Verhalten bei Unentschiedenheit.

Das erspart der Familie den peinlichen Ärger und gibt Martin für Zweifelsfälle eine Patentlösung.

Verhandlungssache eines jeden Erziehungsalltags sind die Schlafenszeiten bei Kindern: «Du willst noch draußen bleiben, und ich will, daß du um neun Uhr einschläfst. Was schlägst du vor?» Das Schulkind wird Ihnen ganz vernünftig vorschlagen, daß es um halb neun pünktlich nach Hause kommt und dann sofort ganz allein ins Bett geht. Also treffen Sie die Vereinbarung, und geben Sie Ihrem Kind die Möglichkeit, sich an Absprachen zu halten. Gegebenenfalls erinnern Sie daran, daß das Kind sein Vorhaben gestern abend schon mal nicht umsetzte und daß Sie diesen Vorschlag also heute nicht mehr akzeptieren. Das ist eindeutig konsequent und lehrreich.

Oder das Kind wünscht sich, wegen des warmen Sommerabends ausnahmsweise erst um zehn Uhr ins Bett zu müssen. Dann ist es angemessen, mit einer ‹Sonderentscheidung› zu reagieren: «Einverstanden, heute machen wir eine Ausnahme. Morgen und übermorgen werden wir sehen, wie müde du dann tagsüber bist.» Bei der nächsten Sonderentscheidung können Sie mit den vermutlichen Folgen argumentieren.

Konsequenz entscheidet von den Folgen her.

Es ist oft eine Kunst, ein «Aber» wirklich ernst zu nehmen und miteinander eine *Abklärung* von den zu erwartenden Folgen her zu erreichen.

Das Ziel ist, die elterliche Begründung einzubringen und gleichzeitig dem Kind einen echten Bewährungsraum für seine Vorschläge einzuräumen, statt das «Aber» nur abzuwimmeln. Gerade die Toleranz eines solchen kindlichen Bewährungsraums zeigt, daß Sie sich, das Kind und die Situation ernster nehmen, als wenn Sie das «Aber ...» nur abgewimmelt und autoritär entschieden hätten.

Kommt ein Vorschlag, der mit etwas Bemühen funktionieren könnte, sollten Sie diesen *weiter aushandeln*. Das übt alle Beteiligten darin, Konflikte mit Worten und Kompromissen zu lösen. Bleibt ein für Sie akzeptabler Vorschlag aus, *entscheiden Sie resolut* und geben damit Halt.

Abklären, aushandeln oder resolut entscheiden.

Die früher von Pädagogen favorisierte wöchentliche ‹Familienkonferenz› nach Thomas Gordon zur «niederlagelosen Aushandlung von Lösungen» ist meiner Ansicht nach eher für Familien mit älteren Kindern und Jugendlichen geeignet. Jüngere Kinder brauchen schnellere Lösungen: Manchmal bringt auch resolute Klarheit mit beherzter Entscheidungskraft verzwickte Angelegenheiten zu einem guten Ende.

Wenn Sie vor dem Weiterlesen konsequenter werden wollen, greifen Sie sich «den» Merksatz heraus, der für Ihre Familie, Ihre Situation und Ihre Persönlichkeit zutrifft. Formulieren Sie den gewählten Merksatz ruhig etwas um. Lassen Sie sich durch die Vielzahl der Aspekte nicht verwirren. Es geht hier nicht um seltene Ausnahmen, sondern um das übliche Verhalten und das alltäglich prägende Erziehungsklima. Salopp formuliert:

> **Zwei Drittel der erzieherischen Lenkungen**
> **sollten wirksam werden.**

Daß es *mal* nicht klappt, daß man *mal* aus der Haut fährt, daß man *mal* ein ehrliches Bemühen übersieht, ist natürlich und keine Katastrophe.

3. KONSEQUENZEN SETZEN

«Con-sequor» bedeutet mit-folgen, nach-folgen, und genau darum geht es: dem Verhalten Spürbares, Erkennbares, Erwartbares folgen zu lassen.

▷ *Natürliche Folgen* entstammen den realen Abläufen.

▷ *Angemessene Konsequenzen* erfolgen zum Schutz der Kinder anstelle von indirekten oder schädlichen Folgen und vermitteln entwicklungsgemäßes Lernen durch sinnvollen Ausgleich.

▷ *Prinzipielle Sanktionen* erzwingen Anpassung.

Ein Beispiel verdeutlicht die verschiedenen Aspekte von konsequentem Verhalten:

«Wenn du mit dem Bobbycar die Treppe herunterfällst, tust du dir schrecklich weh!»	*Natürliche Folge*
«Deshalb ist am Teppichrand für dich Stopp!»	*Angemessen weisende Konsequenz*
«Ich schimpfe sonst mit dir ...	*Angemessen strafende Konsequenz*
... damit du in Zukunft hier anhältst.»	*Vermitteltes Lernen*
«Wenn du aber jetzt breit grinst und ausprobierst, ob du nicht doch bis zum Treppenabsatz heranfahren kannst, nehme ich dir dein Bobbycar weg.»	*Sanktionen für die Mißachtung*

> **Rechtzeitig gesetzte, angemessene Konsequenzen erübrigen viele Machtkämpfe und Sanktionen.**

Dazu mehr am Ende des Kapitels.

Je nach Entwicklungsstand:
Angemessene Konsequenzen

Um Wirkung zeigen zu können, sollten erzieherische Konsequenzen *angemessen* gestaltet werden:

▷ Da ein Kind nur solche Erfahrungen verarbeiten kann, die seinen geistigen, seelischen und körperlichen Möglichkeiten entsprechen, sollten Konsequenzen *entwicklungsgemäß* sein. Viele Erziehungsratgeber berücksichtigen die unterschiedlichen Entwicklungsphasen von Kindern nur unzureichend und orientieren sich statt dessen formal am Alter des Kindes.

▷ Um den Zusammenhang eines Tuns mit dessen Folgen zu verdeutlichen, sollten Konsequenzen *verständlich* sein. Kann ein Kind die Folgen seines Tuns ermessen und ausgleichen, braucht es nur dazu angehalten werden, die Konsequenzen tatsächlich zu tragen.

▷ Damit erzieherische Konsequenzen die Zukunft erleichtern, sollten Sie das *Lernen* des richtigen Verhaltens und der entsprechenden Verhaltens-Steuerung fördern.

Es ist also nicht immer angemessen, ein Kind altersgemäß anzusprechen. Ein achtjähriges Schulkind, das sich bisher kindlich impulsiv auslebte, werden *vernünftige Klärungen* nicht zu altersgemäß bewußtem Handeln bringen können. Ein solches Kind wird erst die fehlenden Entwicklungsschritte der Verhaltens-Steuerung nachentwickeln müssen.

Es sollte Sie nicht irritieren, daß gleich drei Aspekte für die Angemessenheit von Konsequenzen hier angeführt werden. Wenn Sie auf die kindgemäße Verständlichkeit Ihrer Konsequenzen achten, werden Sie bald intuitiv angemessene Konsequenzen setzen. Allerdings sollten Sie erfinderisch sein: Ständiges Fernsehverbot ist sicherlich keine angemessene Lösung.

Die Interpretation des folgenden Beispiels entspricht dem Schema ‹Persönlichkeitsentwicklung› auf den Seiten 30 und 31.

Das Enkelkind war schlicht zu schnell um die Ecke geflitzt und hatte mit dem Tischdeckchen auch die Bilderrahmen von Omas Kommode heruntergerissen. Für einen verhindernden *Eingriff* durch die danebensitzenden Erwachsenen ging es einfach zu rasch.

Solche Mißgeschicke passieren, wenn Kinder zu Besuch sind. Doch dem Enkelkind war zuvor mehrmals *verboten* worden, in Omas Wohnung herumzurennen. Deshalb stand nun eine Konsequenz an.

Ein **Kleinkind** wäre wohl schon vom Ereignis her so erschrocken und frustriert, daß keine weitere Konsequenz notwendig wäre.

Ein **Kindergartenkind** sollte von den Eltern deutlich *getadelt* werden und würde vermutlich beim Auflesen der Scherben betroffen zuschauen.

Ein Vorschulkind oder **Schulanfänger** sollte sich für den Schaden entschuldigen und würde sicherlich akzeptieren, wenn es nun *zur Strafe* für die Mißachtung der Hinweise bei den Erwachsenen sitzenbleiben müßte.

Auch ein **Schulkind** sollte sich entschuldigen und könnte durch Mithilfe beim Aufräumen einen angemessenen *Teilausgleich* leisten. Während der Heimfahrt würden aufmerksame Eltern zusätzlich wieder auf die Angelegenheit zurückkommen und noch einmal alle Aspekte diskutierend *abklären*.

Ein Jugendlicher sollte sich selbstverständlich entschuldigen und aufräumen. Zusätzlich würde ihn eine konsequente Familie *kritischstützend* zu vollständigem *Ausgleich* auffordern: «Du könntest eigentlich selbst neue Bilderrahmen besorgen und der Oma die Fotos wieder einrahmen!»

Sucht oder übt man angemessene Konsequenzen, ist es oft sinnvoller, die eskalierte Situation zunächst abzubrechen. Dann verständigt man sich bei nächster Gelegenheit mit der Partnerin/dem Partner oder auch Freunden. Sie wissen ja: Sie sollten das Problem später *wiederaufgreifen*.

Ob die so gesetzten Konsequenzen angemessen waren, erkennt man an deren Wirkung: Angemessen positive Konsequenzen fördern das belohnte Verhalten, so daß es nun häufiger auftritt. Und angemessen negative Konsequenzen, z. B. Tadel, fordern einen Ausgleich heraus.

Aber *übermäßige* Konsequenzen schaden: Übermäßig viele positive Konsequenzen in maßloser Zuversicht verführen Kinder zu illusionären Wunschträumen mit Machtphantasien und verringern die Bereitschaft, sich vertiefend einzulassen. Und übermäßig viele negative Konsequenzen schädigen das Selbstvertrauen, belasten die Beziehungen und blockieren das Bemühen.

Es ist auch nicht förderlich, angemessene Konsequenzen zu *unterlassen*: Werden eigentlich angemessene positive Konsequenzen vernachlässigend vorenthalten, wirkt das beziehungslos und entmutigend. Und werden fällige negative Konsequenzen vorenthalten, verwöhnt die Folgenlosigkeit (wie in Dreikurs' Beispiel auf den Seiten 41 und 42) und hält in der Abhängigkeit von den scheinbaren ‹Beschützern›.

Angemessene Konsequenzen sind keine Strenge, denn sie fördern die kindliche Selbständigkeit in einer Kultur der Verantwortung. Sie dienen nicht der autoritären Demonstration elterlicher Macht.

Angemessene Konsequenzen finden sich leichter, wenn Ihr Kind aktiv ist und schon vieles tun kann und darf. Dann können Sie genügend positive Tendenzen fördern und müssen nur manche Dinge konkret untersagen.

Andersherum gedacht: Fallen einem außer Fernsehverbot und Schimpfen keine wirksamen Konsequenzen ein, fehlt es wahrscheinlich an den Gelegenheiten und der Aufmerksamkeit für sinnvolle Betätigungen des Kindes.

Leider vernachlässigen wir üblicherweise die positiven Konsequenzen. Zählen Sie mit den Fingern der linken Hand Ihre negativen Tadel und mit den Fingern der rechten Hand Ihre positiven Lobe. Wahrscheinlich gehen Ihnen links die Finger aus, bevor Sie das dritte Lob ausgesprochen haben.

Für nette oder gelungene Aktivitäten, z. B. einen Spieleabend oder eine Bastelei, ist ein anerkennendes Lob immer richtig und angemessen. Besondere *Bemühungen* des Kindes, z. B. beim Fahrradputzen oder beim Musizieren, sollten über das verbale Lob hinaus in unregelmäßigen Abständen auch konkret belohnt werden, z. B. mit einem

Mitbringsel. Unregelmäßige Belohnungen motivieren mehr, denn erfolgen sie automatisch, werden sie kalkulierbar. Und das bringt jedes intelligente Kind auf die Idee, die Belohnungen als eine Art «Bezahlung» zu erwarten, eventuell sogar zu verlangen.

Setzen Sie angemessene Konsequenzen, brauchen Sie etwas Aufmerksamkeit für die Zusamnmenhänge, Kenntnis vom Entwicklungsstand des Kindes, kreative Ideen, resolute Entschlußfähigkeit und die *Fähigkeit zur Umsetzung* Ihrer eigenen Vorsätze. Damit werden Sie automatisch zum Vorbild für genau *den* Verhaltensstil, zu dem Sie Ihr Kind befähigen wollen.

Es bringt nichts, nur vereinzelt *demonstrativ* konsequent zu sein. Das Kind und alle anderen Beteiligten würden bloß verwundert staunen oder befremdet reagieren. Konsequenz muß in der Mehrzahl der Situationen selbstverständlich sein, damit das Lernen nicht von der Suche nach Ausweichmöglichkeiten blockiert wird. Damit aber prägt konsequentes Verhalten den familiären Alltag derart, daß man zutreffender von einem konsequenten *Familienstil* sprechen kann.

> **Angemessene Konsequenzen sind**
> **entwicklungsgemäß, verständlich und lehrreich.**

Babyzeit:
Eingriffe, die schützend lenken

Die meisten Eltern bereiten sich schon vor der Geburt ihres Kindes auf die kommende Elternschaft vor. Sie sind während der Schwangerschaft fürsorglich, befühlen gemeinsam die Regungen im Bauch und horchen, ob sie vielleicht sogar schon etwas vom Baby hören können. Schwangere ernähren sich in der Regel viel bewußter und gesünder als zuvor, vermeiden größere Anstrengungen und verzichten auf Alkohol und Nikotin. Vielleicht strickt eine Verwandte besonders wärmende Babysöckchen. Viele Paare sammeln schon lange vor der Geburt im Freundeskreis Ratschläge und Babyausstattungen.

Wenn das Baby dann endlich da ist, stillen und umsorgen die aufmerksamen Eltern ihr Kind, wann immer es das braucht. Sie fühlen sein Wohlbefinden ebenso wie seine Unruhe symbiotisch mit, und das wiederum wirkt wesentlich auf die Stimmung des Babys zurück. Das Kind öffnet seine Sinne, wird aufmerksamer und reagiert, sobald es die Schritte der Eltern kommen hört. Es reagiert motorisch, strampelt, schreit und wendet den schweren Kopf zu den Ereignissen hin. Aufmerksame Eltern stimulieren die Sinne des Säuglings aktiv, genießen die körperliche Nähe beim Schmusen und Knuddeln und erfreuen sich an jedem erwiderten Kontakt. Bald werden sie mit Koseworten auf ihr Kind einsprechen und ein buntes Mobile über dem Kinderbett montieren. Wenn es nötig ist, nehmen Eltern ihrem Baby auch mal die Wattestäbchen aus der Hand, bevor diese im Mund verschwinden, und lenken es mit einem Spielzeug ab. Derart fürsorgliche *Eingriffe* schützen das Kind, lenken seine Aufmerksamkeit und sind Vorformen konsequenten Erziehungsverhaltens.

Sobald das Kind laufen kann und nichts mehr vor seiner Neugier sicher ist, müssen Eltern noch viel häufiger gezielt eingreifen, beispielsweise um zu verhindern, daß ihr Kind eine Zimmerpflanze umreißt. Kleine Kinder registrieren solche *Eingriffe* schon lange, bevor sie die begleitenden Worte verstehen können.

Der Opa hält sein knapp einjähriges Einkelkind auf dem Arm. Vergnügt patscht es nach der blinkenden Brille. Der Opa will das nicht und weist die Bewegung lachend zurück: «Nein, nein, meine Brille nicht, nein, nein.»

Doch das Kind hebt wieder den Arm, und der Opa *greift schützend* ein, indem er mit seiner großen Hand die kleine Kinderhand wegführt und sie sogar ein bißchen festhält, um seinem «Nein» Nachdruck zu verleihen. Dann *lenkt* er die Aufmerksamkeit des Kindes auf eine summende Fliege an der Fensterscheibe.

Kurz darauf schaut das Kind dem Opa wieder in die Augen, und sein Händchen kommt zögerlich hoch. Die große Hand des Opas ebenfalls, und er wiederholt mit ernstem Blick: «Nein, nein, die Brille nicht, nein, nein, nein!»

Nun verzieht das Kind die Miene und *reagiert*, indem es sein Ärmchen zurückzieht, und auch der Opa greift nun nicht danach. Dann kitzelt er das Kind am Hals, um es erneut *abzulenken*.

Wahrscheinlich würde der Großvater seine Handlungen nicht als fürsorgliche Eingriffe bezeichnen. Tatsächlich aber hat er die Kinderhand schützend weggeführt und dann die Aufmerksamkeit des Kindes mit seinem Kitzeln abgelenkt.

> **Fürsorgliche Eingriffe schützen und lenken**
> **die Aktivitäten.**

Auch in den späteren Entwicklungsphasen müssen Erziehende immer wieder eingreifen, wenn differenziertere pädagogische Lenkungsmittel noch nicht oder nicht ausreichend wirken: Ein Kleinkind beispielsweise wird, wenn es in der Krabbelgruppe andere Kinder schlägt, erst zurechtgewiesen und dann vorübergehend auf den Schoß genommen. Von einem Kindergartenkind verlangt man die Rückgabe eines Spielzeugs, das es einem schwächeren Kind entrissen hat, ansonsten nimmt man es ihm wieder ab. Dem älteren Kind gibt man nicht nur erläuternde Hinweise, sondern führt ihm bei den ersten wackeligen Laubsägeversuchen unterstützend die Hand. Einer Jugendlichen wird beispielsweise nicht nur ihre Verantwortung erklärt, sondern vorsichtshalber das verkehrsuntaugliche Moped eingeschlossen, bis sie es tatsächlich zur Reparatur angemeldet hat.

Allerdings sollten tätliche Eingriffe der Eltern seltener sein, je älter die Kinder sind, und zunehmend durch sprachlich gesteuertes Verhalten ersetzt werden.

Kleinkinder:
Weisungen, die gebieten und verbieten

Vor Kleinkindern ist nichts mehr sicher, sobald sie beginnen zu laufen. Jetzt entdecken sie, daß ihre Aktivität die Umgebung verändert, und *probieren* neugierig alles aus. Sie rütteln und zerren, greifen und lassen los, streicheln und lecken. Da sie noch nicht zwischen sich und ihrer Umwelt unterscheiden, probieren sie immer zugleich sich und ihre Umgebung aus. Kleinkinder lernen so, die Zusammenhänge ihres Tuns mit ihren Empfindungen und den äußeren Effekten insgesamt *wahrzunehmen.*

Bei den Versuchen, ihre Bedürfnisse möglichst lustvoll zu befriedigen, müssen sie ihre Sinne und die Motorik möglichst effizient aufeinander abstimmen, sich *sensomotorisch koordinieren.*

Kleinkinder reagieren zwar weniger reflexhaft als Säuglinge, aber noch längst nicht bewußt. Sobald sie krabbeln können, steuern sie sich neugierig dahin, wo etwas los ist. Seit sie einige Wörter kennen, lassen sie sich von deren emotionalen Folgen leiten. Sie lernen beispielsweise, daß bei «Ja, komm her, ja» Gelüste befriedigt werden und daß bei «Nein, aua» ein frustrierender Schmerz folgen kann. Deshalb sind lustvolles Knuddeln oder, falls nötig, ein frustrierend lautes Wort angemessene erzieherische Konsequenzen nach *ge- und verbietenden Weisungen,* deren inhaltlichen Sinn Kleinkinder noch nicht begreifen können.

Jedes Kind probiert sich auch an seinen familiären Bezugspersonen aus. Selbstbewußte Eltern haben damit keine Probleme. Unsichere Eltern hingegen unternehmen viel, um ihrem Kind frustrierende Erfahrungen zu ersparen. Aber ein Kind erprobt, worauf es wie Einfluß nehmen kann, und verhält sich demgemäß. Daher stellt es sich in dieser frühen Entwicklungsphase immer wieder laut und unmißverständlich mit «Ja, ja, ja!!!» oder «Nein, nein, nein!!!» mitten in die Situationen und testet vehement die Wundermacht dieser kleinen Worte. «Trotz» nennt man diese Phasen, in denen das Kind sich aus der symbiotischen Abhängigkeit von seinen Eltern und Erziehern befreit.

Mal kann das Kind seine Bedürfnisse trotzig befriedigen, mal bleibt es ihnen ohnmächtig ausgeliefert. Immer wieder muß es hinnehmen, daß sein Körper und die Umwelt nicht so funktionieren, wie es das gern hätte, und lernt dabei, sich anzupassen.

Kleinkinder erweitern ihren Wortschatz täglich und machen mit jedem Wort ganz konkrete Erfahrungen. Bald befolgen sie auch differenziertere Weisungen, deren Zusammenhang sie wohl wahrnehmen, deren wirkliche Bedeutung sie aber noch nicht erfassen können.

> «Du warst doch wieder am Wohnzimmertisch und hast dir ein Stück Schokolade geangelt. Du weißt doch, daß du das nicht sollst, oder?» Stefan nickt ganz ehrlich und mit großen Augen. «Und warum tust du das dann trotzdem immer wieder?!!!»
> Der kleine Kerl fängt an zu weinen.

Was hätte der Dreijährige erklärend antworten können? Für ihn ist das vernünftige «Warum» Teil eines viel späteren Entwicklungsschritts. Er erprobt sich zunächst an direkten Zusammenhängen: Gelingt es, die Schokolade zu nehmen, oder nicht? Es gelingt, wie die Mutti an seinem verschmierten Mund sieht. Allerdings führt der Schokoladengenuß auch zu frustrierendem Geschimpfe. Dieser Widerspruch überfordert den kleinen Jungen und deshalb schluchzt er.

> Die Mutter wiederholt ihr Verbot: «Also noch mal: An die Schale auf diesem Tisch gehst du bitte nicht ran. Die ist doch für unsere Gäste nachher.»

Stefan kann diesen langen Schachtelsatz noch nicht zergliedern und die vielen Wortbedeutungen noch nicht koordinieren. Er spürt aber, daß seine Mutter sehr verärgert ist, und merkt es sich. Deshalb wird er das nächste Mal sehr vorsichtig und zweifelnd um den Couchtisch mit der Schokolade schleichen.

In dieser Situation zur Strafe z. B. den süßen Nachmittagskakao zu verbieten, hätte keinen weiteren Effekt. Denn Stefan hat bereits entwicklungsgemäß gelernt: «Schokolade aus der Schale gibt Ärger mit Mama».

Anders gesagt: Ein Kleinkind lernt, welche Weisungen Lust und welche Frust bringen. Es verbindet eine Weisung mit den jeweils folgenden, direkt erfahrenen Gefühlen.

Erklärungen ohne direkten Zusammenhang zwischen Weisung und Effekt, z. B.: «Vor dem Essen müßt ihr die Hände waschen, weil überall gefährliche Bakterien sitzen», verstehen erst ältere Kinder. Das gilt ebenso für die Gefahren des Straßenverkehrs: Der Bordstein muß deshalb *emotional* als verbietende Grenze wirken.

> **Für Situationen, die sie noch nicht begreifen können, brauchen Kleinkinder emotional wirkende Weisungen.**

Für Stefans unfolgsames Verhalten gibt es einen weiteren Grund: Für ihn existieren die Weisungen nur, während die weisende Person in der Nähe ist, und lösen nur dann entsprechende Gefühle in ihm aus. Auch das kann Stefan seiner Mutter noch nicht erklären, und deshalb weint er.

> **Ge- oder verbietenden Weisungen folgen Lust oder Frust.**

Videoanalysen des Familienalltags zeigen, wie geschickt Kinder sich um eigentlich fällige Konsequenzen für mißachtete Weisungen herumzumogeln verstehen, indem sie die elterliche Aufmerksamkeit auf andere Themen lenken:

Vater *(nach der abendlichen Kindersendung)*: «So, und jetzt ab ins Bett!»

Kind *(betrübt)*: «Ach, nicht noch ein kleines bißchen aufbleiben, bitte?»

Vater *(bestimmt)*: «Nix ‹bißchen›, das kennen wir.»

Inzwischen hat die Werbung angefangen: Ein schnelles Auto ist zu sehen.

Kind *(ablenkend)*: «Papa, guck mal, so ein schneller Flitzer!»

Vater *(geht darauf ein)*: «Na ja, aber so schnell muß man nicht unbedingt fahren.»

Nun schaltet sich die Mutter ein: «Da denk du mal dran, wenn DU wieder so rast!»

Vater *(entrüstet)*: «Ich? Wann denn?»

Und es entspinnt sich ein Wortwechsel zwischen den Erwachsenen. Zwanzig Minuten später schnappt die Mutter das Kind und bringt es zu Bett. Nun legt das Kind «die altbewährte Platte» mit Forderungen auf, die das Zubettgehen erneut verzögern: «Ich muß noch was trinken ...» Oder: «Ich muß noch mal aufs Klo ...»

Schließlich erklärt der Vater die Mutter für erziehungsunfähig, und nun greift das Kind zu seiner letzten Taktik: «Aber ich kann nicht einschlafen.» Oder: «Ich habe aber Angst.» Oder: «Mein Bauch tut so weh!» Irgendwann siegt – zum Glück für alle – die Erschöpfung.

Dieses Kind hat erfolgreich gelernt, seine Eltern von ihrer Weisung abzulenken. Das spricht zwar für seine soziale Intelligenz, verzögert aber seine psychosoziale Entwicklung. Und es verführt die Eltern, statt ihren Weisungen Geltung zu verschaffen, auf die Erschöpfung des Kindes zu hoffen. Das vergiftet wahrscheinlich jeden Abend die Atmosphäre.

Kindergartenkinder:
Lob oder Tadel, die hinweisen

Kinder müssen ihre Grenzen überschreiten, um sich weiterzuentwikkeln. Sobald eine Hürde genommen ist, lockt die in erreichbare Nähe gerückte nächste Grenze. Das kindliche Streben schießt stets ein wenig über seine bisherigen Möglichkeiten hinaus. Denn irgendwann und irgendwie strebt das heute noch kleine Kind danach, selbst eine bewunderte Mama oder ein mächtiger Papa zu sein.

Ein Kindergartenkind empfindet impulsiv und möchte seine Gefühle egozentrisch ausleben. Zugleich *identifiziert* es sich mit den beobachteten Modellen und ist dabei schon auf andere Menschen bezogen. Es macht mit, *imitiert* und spielt Als-ob, indem es sich in Situationen einfühlt und in Aktivitäten vertieft. Dieses Bestreben steht seiner impulsiven Egozentrik entgegen.

Werden das einfühlsam vertiefende Mitmachen, Nachahmen und Spielen erfolgreich gefördert, entwickelt das Kind Fähigkeiten, sich *intuitiv einzulassen*. Es erreicht damit Differenzierungen und Anpassungen, die es mit spontaner Impulsivität nicht ausbilden könnte.

Für diese Entwicklungsaufgabe sind die früher angemessenen elterlichen Eingriffe jetzt viel zu plump. Weisungen, sooft sie auch noch nötig sind, lassen zuwenig Spielraum. Ein Kind, das sich einfühlsam vertieft, braucht offene *Hinweise* für die Ausbildung seiner *Intuition*.

> Hausbesuch bei einer Familie mit vier Kindern: das jüngste Mädchen drei Jahre alt, das älteste gerade eingeschult, dazwischen die fünfjährigen Zwillingsbrüder.
>
> Die Jüngste sitzt zwischen den Eltern und schaut und hört zu. Der eine Zwilling spielt während meines Besuchs intensiv mit der älteren Schwester. Beide haben mit einem Wollfaden eine Spirale gelegt und laufen, krabbeln und hüpfen darin herum. Der andere Zwillingsbruder hadert mit sich selbst und hat zu nichts Lust.
>
> Als er am Tisch mit meinem Kuli ein Bild strichelt, *lobt* ihn der Vater ausdrücklich. Daraufhin hört der Junge sofort auf zu malen und verlangt, das fahrig gemalte Bild an die Wand zu heften.
>
> Die beiden spielenden Geschwister schauen nur gelegentlich zu uns herüber, holen sich einen bestätigenden Blick und vertiefen sich wieder. Sie lassen auch den Zwillingsbruder mitspielen, der aber bald wieder aufhört und nun zu mir kommt, um mich erneut auf sein Bild hinzuweisen.
>
> Die Mutter schlägt allen Kindern vor, Wandbilder zu malen. Alle fangen an. Sogar die Jüngste kritzelt mit. Der unbeständige Zwilling macht zwar anfangs mit, verläßt dann aber das Zimmer. Das sei das Problem mit ihm, erklären die Eltern: «Immer will der Junge eine Extrawurst.»

In der ganzen Episode gab es weder Ge- noch Verbote. Nur Hinweise, auf die die Kinder individuell verschieden reagierten. Der unbeständige Zwilling schien mit dem offenen Familienstil nicht zurechtzukommen. Er versank in der Beliebigkeit der Auswahlmöglichkeiten. Die folgende Beratung machte deutlich, warum.

Dieser Junge stand im Schatten seines etwas weiter entwickelten Zwillingsbruders und der älteren Schwester. Die nachfolgende Schwester besetzte die Position der Jüngsten, und so hatte er keine eindeutige Geschwisterrolle.

Ohne eigene Interessen und mit mangelndem Selbstbewußtsein halfen ihm die offen empfehlenden Hinweise der Eltern nicht. Er brauchte in seiner Lage noch gezielte Weisungen.

Dem Jungen half schließlich, daß er erst ein Jahr nach seinem Zwillingsbruder eingeschult wurde und als einziger der Familie zum Kinderfußball geschickt wurde, bis er dort stolz eine eigenständige Rolle ausfüllte. Schwierig wurde es nur, den überlegenen Zwillingsbruder vom gleichen Sport fernzuhalten.

Hinweise machen Kinder auf Kommendes aufmerksam, lassen aber abweichende, eigene Handlungsspielräume zu. Die natürliche Folge tritt dann direkt ein. Ein *Lob* bestätigt den Erfolg lediglich zusätzlich, und auch ein *Tadel* frustriert nur zusätzlich. «Hättest du den Turm auf der Unterlage gebaut, wäre er nicht umgekippt.» Nur diese Verbindung mit den natürlichen Folgen gibt den Hinweisen interessante Glaubwürdigkeit und lehrt das Kind «Wenn-dann»-Voraussagen zu beachten.

Empfehlende Hinweise
vertiefen Erfahrungen zusätzlich mit Lob oder Tadel.

Die (kindliche) Psyche braucht mehr Lob als Tadel. Was also tun mit einem Kind, das sich eher schwertut und Eltern seltener spontanes Lob entlockt? Ganz einfach: Eltern sollten bereits das kindliche Bemühen anerkennen und honorieren. Also gibt es Lob und Ermutigung, wenn das Kind sich sichtlich einläßt und einfühlsam vertieft.

Natürlich finden Kinder schnell heraus, daß sie selbst auch loben und tadeln können. Ihre Beurteilungen fallen sogar oft recht massiv aus: «Blöde Mama, du hast mich gar nicht lieb!» Oder: «Der doofe Papa hat nie Zeit für mich!»

Lassen Sie sich davon nicht zu sehr beeindrucken. Das Kind nutzt seine Möglichkeiten und versucht sich als Erzieher seiner Eltern. Klären Sie als Erwachsene untereinander, ob die Vorwürfe irgendwie berechtigt sind, und reagieren Sie demgemäß gelassen oder greifen diese kindlichen *Hinweise* gezielt auf.

Kindergartenkinder sollten mehrere angemessene Weisungen und Hinweise annehmen und umsetzen können. In diesem Alter können sie bereits mehrere Gewohnheiten, Selbstverständlichkeiten und Rituale beachten und verinnerlichen. Sobald Kinder aufgeregt oder von einem Thema fasziniert sind, können alle eigentlich schon beachteten Hinweise in Vergessenheit geraten, und die impulsiven Reaktionen dominieren das kindliche Verhalten. Dann hilft nur das schon erläuterte *Wiederaufgreifen*.

Kindergartenkinder können sich bereits in die Gefühle anderer hineinversetzen, andererseits empfinden sie impulsiv. Sie erzählen ihren Bezugspersonen treuherzig alles Erlebte, auch wenn sie damit das Fehlverhalten anderer Kinder verpetzen. Das vertrauensvolle, ungefilterte Erzählen ist grundsätzlich positiv, weil die Situationen genau beobachtet und intuitiv als erzählenswert empfunden werden. Eltern sollten aber darauf achten, daß die Generationengrenzen eingehalten und Kinder nicht zu Miterziehern überhöht werden. Ohne Beteiligung des Kindes können Sie aktiv werden, indem Sie die Eltern des «verpetzten» Kindes ansprechen.

Kindergartenkinder erleben bereits einen ausgefüllten Alltag, der sie in Situationen bringt, die ihnen Entscheidungen abfordern: «Spiele ich jetzt in dieser Gruppe mit oder bei jener?» – «Nehme ich dieses Spielzeug und gebe das andere weg?» Solche Konflikte brauchen noch häufig erzieherische Begleitung. Greift ein Kind gutgemeinte Hinweise nicht auf, kann eine Aufmerksamkeitslenkung über das ‹Wir-Gefühl› helfen: «Komm, *wir* beide fangen jetzt am besten schon mal mit dem Ausschneiden an!» Ebenso kann die Fähigkeit gefördert werden, nicht ständig impulsiv von einem Angebot zum nächsten Reiz zu wechseln.

Ist eine Eltern-Kind-Beziehung belastet, wird das Kind nur ungern Hinweise annehmen und Lob und Tadel weniger beachten. Die Gründe für solche Belastungen lassen sich oft in einer professionellen Erziehungsberatung analysieren.

Solange Kinder Beobachtetes nachahmen, haben die Modelle großen Einfluß. Glücklicherweise aber können die Modelle im Fernsehen (noch) nicht zusätzlich loben oder tadeln, so daß deren erzieherischer Einfluß in der impulsiven Phase gering bleibt. Dennoch entfallen beim passiven Fernsehen unzählige Möglichkeiten für einfühlsam vertiefendes Mitmachen, für intuitives Einlassen, für die sensomotorische Koordination körperlicher Bewegungen und für stimulierte sinnliche oder motorische Reaktionen.

Fernsehzeit fehlt der Persönlichkeitsbildung!

Wenn diese basalen Fähigkeiten dann später nur mangelhaft ausgeprägt sind, kämpfen Kinder desto intensiver dafür, drohende Langeweile mit ausgiebigerem Fernsehen zu betäuben. Schließlich empfinden sie die wirkliche Welt langweiliger und bedrohlicher als die medial inszenierte Scheinwelt.

Schulanfänger:
Belohnung und Bestrafung nach vereinbarten Regeln

Unser Alltag ist weitgehend «geregelt», allerdings sind viele Regeln eingespielt und gehören zum gesellschaftlichen Konsens, ohne daß wir sie jemals bewußt vereinbart hätten.

Alle Eltern versuchen möglichst bald, ihr Kind mit kleinen Regeln zu lenken: «Je schneller du im Bett bist, desto länger lese ich dir die Geschichte vor.» (Vgl. dazu auch die praktischen Hinweise bei Kast-Zahn, 1997, «Jedes Kind kann Regeln lernen».)

Wie zur Bestätigung spielt jedes Kind von sich aus mit Regeln, sobald es das Prinzip, Vereinbarungen zu treffen und zu halten, begriffen hat. «Immer wenn ich ‹Hallo› rufe, mußt du auch ‹Hallo› rufen!»

Etwa in der Mitte des **Kindergartenalters** gelingt das erste einfache Brettspiel. Ein Farbwürfel oder wenige Spielregeln strukturieren und normieren den Spielablauf. Das Kind muß der Spielidee folgen, warten, bis es an die Reihe kommt, die Regeln beachten, bis zum Spielende durchhalten. Es muß absichtlich und bemüht «richtig» spielen. Werden die Spielregeln schwieriger, muß das Kind zusätzlich seine Zugschritte zählen, Regelstrafen hinnehmen, das Gewinnen oder Verlieren bewältigen, aufbauen und abräumen. Das ist zwar anstrengend, ermöglicht aber kompliziertere Spielverläufe als das bloß einlassende Mitmachen.

Kinder im **Einschulungsalter** verfolgen eigene Interessen, bemühen sich um Anerkennung durch andere und möchten schon alles richtig und regelgemäß können.

Symbolische Vorstellungen lösen intensive Gefühle aus, und sprachliche Vorsätze leiten ihr *Tätigsein* an. Die Kinder erklären sich kompliziertere Zusammenhänge märchenhaft-magisch und respektieren Autoritäten, die ihnen zwischen Phantasie und Wirklichkeit Halt geben.

Was sie bisher direkt beobachteten und spielerisch nachahmten, können sie sich nun vorstellen und *vorsätzlich steuern*. Aber welchen Vorsätzen soll die Steuerung folgen? Schulanfänger bevorzugen einen Kompromiß aus den von anderen gesetzten Wünschen und Grenzen mit den eigenen Interessen und Phantasien in Form von regelnden Absprachen: «Wenn ich dich nicht verrate, kriege ich deinen Ball!» Die Verhaltens-Steuerung erreicht eine bedeutende Qualität:

Der abgesprochene Vorsatz regiert das Verhalten.

Nun reicht es nicht mehr, nur mitzumachen, solange es Spaß macht. Jetzt gilt es, den Absprachen gemäß die Gefühle zu zügeln und Frustrationen auszuhalten, die Impulse zu kontrollieren und Versprechen einzuhalten, die Vorsätze zu verwirklichen und die Regeln zu respektieren. All das übt und trainiert die *vorsätzliche Steuerung* des eigenen Verhaltens.

Bis zur Einschulung müssen Kinder etliche Regeln befolgen kön-   79 nen. Ansonsten würde der Schulweg zu gefährlich, würde jeder Konflikt in eine Prügelei ausarten, müßte die Lehrerin ihre Weisungen ständig wiederholen. Demgemäß spricht man heute auch nicht mehr von der Feststellung der Schulreife, sondern von Schul*fähigkeiten*, die sich darin äußern, ob ein Kind Arbeitsanweisungen befolgen und kleine Aufträge übernehmen kann.

Die Kinder wenden auch untereinander Regeln an. Die *natürliche Konsequenz* eines «Fehltritts» beim Hüpfspiel «Himmel und Hölle» wäre das Übertreten der Linie an sich, mehr nicht. Doch legen die Kinder eigenständig die «Strafe» fest, die sie an den Fehltritt koppeln, z. B.: «Beim Übertreten der Linie eine Spielrunde aussetzen.»

Nach Regeln spielende Kinder kontrollieren sich penibel und klagen eifersüchtig das *Regelverhalten* und die vereinbarten Konsequenzen ein. Das meistgespielte Brettspiel dieser Entwicklungsphase heißt nicht umsonst «Mensch-ärgere-Dich-nicht». Die Kinder brauchen in dieser Bewährung viel elterliche Ermunterung und Anerkennung, damit sie lernen, die Tätigkeit *richtig* einzuüben und zu beherrschen, ihre Vorstellungen auszudrücken und sich vorsätzlich den Regeln gemäß zu steuern.

In dieser Phase lockt immer wieder das impulsive Ausleben, z. B. beim Toben, Hänseln, Quatschmachen. Statt dessen aber sollte vorsätzliches Verhalten herzlich anerkannt werden und absprachegemäß gesteuertes Verhalten vorteilhafte Belohnung einbringen: «Da du den Fernseher pünktlich ausgeschaltet hast, darfst du dir für morgen wieder eine Sendung auswählen!»

Vereinbarte Regeln werden über vorteilhafte Belohnung oder nachteilige Bestrafung gesteuert.

Amerikanische Ratgeber empfehlen Eltern und (Schul-)Kindern als Regelübung für den Hausgebrauch sogenannte ‹Verhaltensverträge›. Das sind kleine schriftliche Verträge zwischen Eltern und Kind(ern) mit konkret beschriebenen Vereinbarungen, Verhaltensregeln und Absprachen über Konsequenzen oder eventuelle Strafen bei Nichtbeachtung.

Meiner Erfahrung nach hängen aber bald unübersehbar viele «Verträge» am Kühlschrank, an der Kinderzimmertür oder sonstwo, die niemand mehr richtig beachtet.

Das Vorgehen mit einer «Monatsliste» funktioniert besser:

▷ Erstellen Sie jeweils zum Monatsanfang gemeinsam mit Ihrem Kind eine Liste mit (im Einschulungsalter) maximal zwei Regeln.

▷ Achten Sie darauf, daß beide Regeln wie in einem Vertrag mit allen Zusatzvereinbarungen aufgeschrieben werden. Beschreiben Sie die Anlässe für die Regeln genauso präzise wie die mit dem Kind vereinbarten Konsequenzen – die lästigen Strafen ebenso wie die vorteilhaften Belohnungen. Bereiten Sie beides vor.

▷ Lassen Sie in den folgenden vier Wochen die vereinbarten Konsequenzen «regelmäßig» folgen, ohne dabei zu nörgeln. Halten auch Sie sich an die Abmachungen! Werden die Regeln beachtet, trainiert das die Fähigkeiten zur absichtlichen Verhaltens-Steuerung. Werden sie *vergessen*, sind die Konsequenzen bereits geregelt.

Ein Monat bietet viel Gewöhnungszeit. Die alte Liste verliert am Ende des Monats ihre Gültigkeit. Lassen Sie den früheren Regeln, für die die aktuelle Liste nicht mehr gilt, die Konsequenzen dann folgen, wenn es gerade paßt. Aber denken Sie auch an die *unregelmäßigen* Belohnungen, die das Lernen besonders motivieren.

Ein Vorteil von Monatslisten liegt in der Beschränkung auf jeweils nur zwei aktuelle Regeln. Ein weiterer Vorteil ist, daß die früheren Regeln beliebig wieder aufgegriffen werden können.

Monatsliste eines Kindes in der 2. Klasse, von der Mutter aufgeschrieben:

1. Wenn ich aus der Schule komme, trage ich zuerst ganz schnell meine Schulmappe in mein Zimmer und gehe dann zum Erzählen in die Küche. Lasse ich die Schultasche einfach irgendwo herumliegen, muß ich sie später wegräumen und zum Ausgleich dafür alle herumstehenden Schuhe ins Regal räumen.

2. Wenn wir auf der Wiese kicken, darf ich länger draußen bleiben. Aber um 18.30 Uhr muß ich zu Hause sein. Wenn ich später komme, muß ich nach dem Abendessen meine Kick-Schuhe putzen.

Im dritten Monat wiederholt, reicht eine vom Kind selbst geschriebene Kurzfassung:

1. Schule: Ranzen ins Zimmer – sonst Schuhe ins Regal.

2. Wiese: Bis 18.30 Uhr zu Hause sein – sonst Schuhe putzen.

Ältere Kinder formulieren auch untereinander richtige Verträge. Manchmal durch geheime ‹Bandenschwüre› besiegelt, manchmal hoch und heilig versprochen. Und so ringen sie um die notwendige Selbst-Steuerung, ihre Impulse unter die Regeln zu stellen. Sie üben, Konsequenzen zu tragen.

Wehrt sich ein älteres Kind, die vereinbarten Konsequenzen zu tragen, empfehlen amerikanische Ratgeber eine *Auszeit*: Das Kind darf dann so lange nichts anderes beginnen, muß also Langeweile schieben, bis die vereinbarten Konsequenzen nachgeholt worden sind.

«Jetzt verschwindest du erst mal in dein Zimmer» ist die wohl üblichste Auszeit bei uns. Setzen Sie die Auszeiten etwa so viele Minuten an, wie das Kind alt ist. Lenkt das Kind in dieser Zeitspanne nicht ein, schauen Sie nach und verlängern notfalls die Auszeit. Es muß nicht das eigene Kinderzimmer sein, viele Kinder wählen eine spezielle «Schmoll-Ecke». Aber die Schmoll-Ecke sollte dort sein, wo das Kind keine Faxen oder sonstigen Störungen starten kann.

Die Vereinbarung allgemeinverbindlicher Umgangsregeln mit den dazugehörigen Konsequenzen wird auch für die Schulen wieder wichtiger werden. Nicht grundlos formuliert ein norwegischer Gewaltforscher und Präventionspraktiker: «Die Bedeutung der Regeln muß den Schülern und Schülerinnen der Klasse so deutlich wie möglich gemacht werden. Nach und nach wird daraus ein gemeinsames Verständnis erwachsen, wie die Regeln auszulegen sind, und es wird leichter, Gewaltzwischenfälle in den richtigen Kontext einzuordnen» (Olweus, 1997, S. 84). Allerdings muß die Fähigkeit, selbstgesetzte Verhaltensregeln zu befolgen, schon lange vor der Pubertät ausgebildet werden!

Daß man sein Verhalten absichtlich gemäß normierenden Regeln steuert, ist keineswegs nur Kinderthema. 1788 veröffentlichte Freiherr von Knigge sein Standardwerk des guten Benehmens, um dem Bürgertum seiner Zeit die Etikette des Adels zu vermitteln. Dem Zeitgeist der Gegenwart angepaßt, geht ein gerade erschienenes «Benimm-Buch» für Jugendliche auf «angemessenes, aber nicht angepaßtes Verhalten» (Bonneau, 1998) ein.

Schulkinder:
Tätiger Ausgleich gemäß Vernunft

Der vorhergehende Abschnitt beschreibt, wie die Fähigkeit zur absichtlichen Verhaltens-Steuerung mittels Regeln das impulsive Ausleben überwindet und das intuitive Einlassen ergänzt. Im Schulalter sollte *vernünftige Willenskraft* hinzukommen.

«Wenn ich ihn auch immer selbst füttere, kann ich dann nicht

Bis zur nationalsozialistischen Kulturvertreibung waren berühmte deutschsprachige Psychologen mit der Ergründung der Willensregungen befaßt. Nur wenige Psychologen führten diese Ansätze bis heute weiter, beispielsweise der Italiener Assagioli mit seiner «Schulung des Willens» von 1982.

Nach dem Krieg führten moderne US-amerikanische Psychologen andere Begriffe ein. Hatten die «verstehenden» Psychologen ihre Themen «introspektiv» an sich selbst erforscht, so beobachteten die «experimentellen» Kollegen das Verhalten anderer Menschen in Forschungslaboratorien. Ging es früher um die Qualitäten des inneren Fühlens und Denkens, so ging es nun um die äußeren Anlässe und die sichtbaren Reaktionen.

Dennoch brauchten die Neuerer schließlich auch Begriffe für das, was zwischen den äußeren Anlässen und den sichtbaren Reaktionen stattfindet. Sie formulierten Konzepte zu «Selbst-Kontrolle» und «Selbst-Management», die aber noch längst nicht zu Ende gedacht sind.

einen Hund kriegen!?» Das «immer selbst füttern» wird zwar nicht klappen, weil Grundschüler selbst mit Hilfe des Adventskalenders oft nicht einmal vier Wochen überblicken können, jedoch bietet das Kind vernünftig überlegt gezieltes Handeln für sein bewußtes Wollen an. Die Erziehenden sollten sich auf diesen neuen Entwicklungsschritt einlassen, wenn sie zusätzlich verbindliche und verantwortungsvolle Regelungen absprechen können. Denn der bewußte Wille, das selbständige vernünftige Überlegen und das zielgerichtete Handeln sind anfänglich noch dreierlei.

Die psychosoziale Entwicklungsaufgabe dieser Phase ist es, beim Schüler die Kraft auszubilden, die Wollen, Überlegen und Handeln zusammenbringt.

In diesem Zusammenhang muß klar sein, was mit ‹Wille› gemeint ist: Einerseits sagen wir, daß der durch seine Kinderlähmung behinderte Joe Cocker sich mit ungeheurer Willenskraft zum Superstar des Souls machte. Andererseits sprechen wir alltagssprachlich von einem starken Willen, wenn eine Fünfjährige sich im Supermarkt wütend auf den Boden wirft, weil ihr ein Wunsch nicht erfüllt wird.

Beides meint zweierlei: Im ersten Fall ist die Fähigkeit zur Selbst-Steuerung, im zweiten Fall das impulsive Austoben gegenüber anderen bezeichnet.

Auch ‹Handeln› hat in diesem Kontext eine spezielle Bedeutung: Den täglichen Mittagstisch zu decken ist zunächst eine sachgemäße Tätigkeit. Einen Tisch herzurichten, *damit* andere eine Freude daran haben, ist zielgerichtetes und (hoffentlich) wirksames Handeln.

‹Über-legen› meint, daß das Denken die äußere Vernunft quasi *über* die inneren Steuerungsanteile *legt*:

Weil Blutspenden Leben rettet, . . .	*vernünftige Überlegung*
. . . werde ich heute, obgleich es	*bewußte Willensentscheidung*
Zeit kostet und etwas weh tut, . . .	
. . . dem Spendenaufruf folgen.	*zielgerichtetes Handeln*

Tatsächlich Blut zu spenden, über-legt den Tisch zu decken oder mit Soul-Musik sich der Körperbehinderung entgegenzustellen erfordert eine *umsetzende Kraft*, die ich im folgenden als ‹vernünftige Willenskraft› bezeichne.

«Wenn Peter sich beim Fahrradputzen so beeilen würde wie beim Essen, dann wäre er so rechtzeitig fertig, wie er es sich vorgenommen hatte!» Offenbar steckt hinter Peters Vorsatz, sich beim Fahrradputzen zu beeilen, einfach nicht genug *Willenskraft*. Seine Aktivität beim Essen wird hingegen ohne Willenskraft ausreichend vom Hunger und von der Lustbefriedigung beim Hungerstillen angetrieben.

Evelyn verfügt bereits über mehr vernünftige Willenskraft. Wenn sie im Skikurs an einer Stelle hingefallen ist, versucht sie bei der nächsten Abfahrt, die gleiche Stelle besser zu schaffen. Sie *will* im Kurs etwas lernen, *überlegt* sich nach dem Sturz eine bessere Technik und *handelt* mit einem weiteren Versuch. So trainiert sie ihre *vernünftige Willenskraft*. Die Willenskraft entstammt also nicht nur der Stärke des leitenden Motivs, sondern muß angemessen gefordert und gefördert werden.

Jeden Morgen geht der freiberuflich tätige Vater mit dem Familienhund eine Runde um den Block, und eine der beiden Töchter darf ihn begleiten. Die jüngere steht an all ihren Tagen wach und angezogen und erwartungsvoll bereit. Die Zwölfjährige hingegen beklagt sich öfter, daß der Vater schon mit dem Hund weg sei, bevor sie selbst fertig angezogen ist. Sie schafft es noch nicht allein, sich frühmorgens zu beeilen. Mit etwas elterlicher Unterstützung würde ihr die Umsetzung ihres Vorsatzes vielleicht häufiger gelingen, so daß der Stolz darüber ihre Willenskraft stärken könnte.

> **Die Fähigkeit, willenskräftig zu handeln,**
> **muß angemessen angefordert und gefördert werden.**

Inwieweit ein junger Mensch seine Willenskraft *vernünftig* einsetzt, ist Ausdruck seiner Persönlichkeitsentwicklung:
Die elfjährige Helga will genauso wie ihre Freundinnen einen ganz

speziellen Ohrclip tragen und bittet die Mutter um das nötige Klein-geld. Diese bietet Helga an, sich das Geld beim Unkrautjäten im Garten zu verdienen.

Helga arbeitet ausdauernd mit viel Willenskraft. Aber als sie das Geld in den Händen hält, erscheint es ihr plötzlich unvernünftig, damit bloß die Ohrclips zu kaufen, die vermutlich bald nicht mehr attraktiv sein werden. Und so entschließt sie sich, das Geld für einen besseren Zweck zu sparen.

> **Vernünftig ist, von den erwartbaren Folgen her zu überlegen.**

Manchmal bleibt unklar, welche Folgen zu erwarten sind. Meist ori-entieren wir unser Handeln dann an den moralischen Normen, der ‹Man›-Moral, und tun, was ‹man› in solchen Fällen tut.

Für überlegt willentliches Handeln mehr Möglichkeiten zu *gewähren* und noch mehr auf die überlegt willentliche Handlungsfähigkeit des Kindes zu vertrauen *fördert* die vernünftige Willenskraft: «Ja, es ist gut überlegt, wenn du deine Sachen jetzt schon zusammenpackst. Wenn du so vernünftig bist, brauche ich ja gar nicht mehr nachsehen, ob du alles hast?!»

Für die Folgen unüberlegten oder impulsiven Tuns einen vernunft-gemäßen *Ausgleich* zu leisten, also das unterlassene vernünftig über-legte Handeln nachzuholen, erfordert vernünftige Willenskraft.

Ausgleichende Konsequenzen sind üblicherweise:

▷ **Dankbarkeit** für eine Hilfe mit Danksagung und einer Gegenlei-stung.
▷ Die **Entschuldigung** für verursachten Ärger mit einer besänftigen-den kleinen Tat.
▷ **Verbesserung** einer Fehlentscheidung durch Klärung des Fehlers und besseren Vorsatz für die Zukunft.
▷ **Wiedergutmachung** eines Schadens durch Reinigung, Reparatur oder Regelung.

Es lassen sich vier Arten des tätigen «Ausgleichs» unterscheiden:

Bei der *Dankbarkeit* für eine unerwartete Hilfe kann das Mehr an Umstand darin bestehen, nicht nur danke zu sagen, sondern die Hilfe bei nächster Gelegenheit zu erwidern: «Schön, daß dir deine Freundin mit ihren Buntstiften ausgeholfen hat, aber jetzt überleg mal, womit du ihr morgen helfen oder eine Freude machen könntest.»

Sich für den Ärger, den man jemandem verursacht hat, zu *entschuldigen* kostet größere Überwindung: Ein Junge, der seinen Bruder «piesackte», holt diesem nun den liegengelassenen Ball aus dem Garten. Besonders wenn die Entschuldigung eines Kindes von den Eltern eingefordert und dann nur so dahingesagt wird, wirkt die kleine besänftigende Tat viel erzieherischer.

Hat sich eine Entscheidung oder ein Wissen als fehlerhaft erwiesen, sollte das nach Möglichkeit gleich *verbessert* werden: «Da du dir nicht gemerkt hast, um wieviel Uhr ihr euch verabredet habt, rufst du gleich an und fragst.»

Eigentlich sollte es selbstverständlich sein, einen verursachten Schaden *wiedergutzumachen*: Sie erinnern sich an das Beispiel mit dem zerbrochenen Bilderrahmen der Großmutter – das geschieht im Kindesalter natürlich ‹angemessen›, aber es führt auf die spätere selbstverständliche Haftung für die Taten hin.

Alle Arten des Ausgleichs sind auf das problematische Verhalten bezogen und sind folglich besonders verständlich und lehrreich, wenn sie *tätig* erfolgen.

Für gut ‹erzogene› Kinder ist es selbstverständlich, daß sie unerwünschte Folgen ihres Tuns von sich aus und tätig ausgleichen:

Marco ruft seinen Freund zur Unterstützung, um das versehentlich umgerannte Moped wieder aufzurichten. Zur *Entschuldigung* gegenüber dem unbekannten Besitzer schiebt er von sich aus einen eingepackten Kaugummistreifen unter den Sitz. Und seinem Helfer gibt er zum *Dank* den übrigen letzten Streifen.

Muß ein Ausgleich gefordert werden, ist *abzuklären*, welcher Ausgleich angemessen ist:

Die zwölfjährigen Schüler hatten auf der Klassenfahrt all ihren Müll in die Büsche geworfen, wie die Lehrer erst nach der Rückkehr er-

fuhren. Die natürliche Folge, daß der Müll die Gegend ver-
schmutzte, hatten die Schüler nicht mehr miterlebt. Beim Klassen-
gespräch wurde deutlich: Die meisten Schüler hatten sich selbst
schon mal über liegengelassenen Abfall anderer geärgert. Während
der Klassenfahrt war ihnen dieses Wissen jedoch kein ausreichender Anlaß, ihren Müll vernünftig einzupacken oder in eine Müll-
tonne zu werfen. Nun erklärten die Lehrer der versammelten Klasse
ihre Beurteilung: Daß der hinterlassene Müll nun von anderen Leuten beseitigt werden müsse, sei schlimm. Leider könne man nicht
zum Aufräumen zurückfahren. Statt dessen werde man die Schüler
jedoch zu einem Putznachmittag im angrenzenden Stadtpark her-
anziehen, dann hätten sie ihre Gedankenlosigkeit wenigstens stellvertretend wieder ausgeglichen.

Dieser Ausgleich ist der Situation angemessen und pädagogisch sinnvoll, denn beim Tun lernen die Kinder aus ihrem Fehlverhalten, erhalten die Möglichkeit, es zu korrigieren, und üben damit zugleich ihre
vernünftige Willenskraft.

> **Vernünftig abklären,**
> **dann angemessen gewähren oder ausgleichen lassen.**

Ein tätiger Ausgleich sollte, ebenso wie eine Regelstrafe, etwas um-
ständlicher ausfallen, als vernünftig überlegtes Handeln von Anfang
an gewesen wäre. Denn dieses Mehr verbessert die Urteilskraft und
stärkt den Willen, sich das nächste Mal von vornherein überlegter zu
steuern.

Die Erwartung von mehr vernünftig überlegtem Handeln sollte ein
Kind nicht überfordern, sondern anerkennend bestärken. Die vernünftige Willenskraft muß *vor* der Pubertät entwickelt sein, denn mit
der Pubertät verliert sich der zur Ausbildung notwendige erzieherische Einfluß zu schnell.

Jugendliche:
Kritisch-stützende Gespräche führen

Jugendliche erleben sich und ihre Umwelt neu. Gefühlsschwankungen und abstrakte Bewertungen überlagern die bisher erreichten Fähigkeiten zu willentlich überlegtem Handeln. Die Pubertät macht die eigene Körperlichkeit bewußt und erzwingt eine identische Selbst-Steuerung. Jugendliche Kinder beziehen sich deshalb erst einmal ausprobierend auf verschiedene Partner, Cliquen, Idole und Themen, die ihnen Perspektiven bieten. Sie hinterfragen die Prägungen ihrer Kindheit und lösen sich willentlich teilweise davon ab, um einen authentischen Platz in der Gesellschaft einnehmen zu können.

In dieser Phase helfen aufmerksame Eltern ihren Jugendlichen über das suchend bewertete Erleben hinauszuwachsen und *Ausrichtungen* zu entwickeln, die sowohl persönlich authentisch als auch gesellschaftlich integrierbar sind. Der Entwicklungsprozeß dieser *Ausrichtungen* kann sich individuell verschieden und recht langwierig und umständlich gestalten.

Oft beachten Pubertierende weder vernünftige Hinweise, noch befolgen sie weisende Regeln. Sie bewerten intensive Erlebnisse autonom, um ihnen gemäße Ausrichtungen zu finden. Viele Erziehende würden ihren Kindern gern eigene Erfahrungen vermitteln, nicht zuletzt, um sie vor Frustration und Kummer zu schützen, aber vernünftige Hinweise verhallen ungehört. Der Kontakt zwischen den Generationen gestaltet sich jetzt oft schwierig: Kritikloses Gerede ist unglaubwürdig; schweigendes Abwarten empfinden Jugendliche als Desinteresse. Die pubertäre Suche braucht einen kritischen Widerpart im zuversichtlich stützenden *Gespräch*.

Das heißt nicht, daß von seiten der Eltern nicht auch mal ein besänftigender Ausgleich erwirkt werden sollte: «Also, nachdem du jetzt den ganzen Tag so an mir rumgemault hast, könntest du mir hier trotzdem schnell mal helfen.» In diesem Sinne sind auch noch einzelne lenkende Weisungen wie z. B.: «Es gibt keine Party im Haus, während wir auf der Messe sind!» noch wirksam. Doch in ihren normalen Tagesablauf und in ihre Ausrichtungen lassen sich die «Youngsters» nicht mehr allzuviel hineinreden.

Halten sich Eltern mit unwirksamen Lenkungsversuchen zurück, lassen die Jugendlichen sie eher an ihrer Suche Anteil nehmen. Daß Eltern wichtige Angelegenheiten mitentscheiden, bleibt davon unbenommen.

Oft läßt sich sogar von außen beobachten, wie es gerade um die erzieherischen Beziehungen zwischen Eltern und Jugendlichen steht: Während manche Eltern sich von ihren modisch gestylten Halbwüchsigen im Straßencafé von der irren letzten Love-Parade vorschwärmen lassen und damit die Gesprächsebene aufrechterhalten, haben andere den persönlichen Draht sichtlich verloren und gehen genervt dreinblickend in sichtlicher Distanz vor ihren äußerlich gelangweilten Jugendlichen her.

Scheinbar *müssen* sich Jugendliche manchmal «unvernünftig» verhalten, um ihre gerade gewonnene eigene Authentizität nicht vorschnell von der Vernunft *einengen* zu lassen. Abwehr und Opposition gegen äußere Bewertungen drücken sich beispielsweise in demonstrativem Rauchen, provokanter Mode oder markanten Haarfrisuren aus. Diese meist vorübergehenden Proteste dienen der Identitätsfindung und brauchen Spielräume. Drückt sich die psychische Auflehnung gegen die ‹fürsorgliche Belagerung› scheinbar alles verstehender Bezugspersonen in gestörtem Eßverhalten aus, sind allerdings professionelle Beratung und Hilfe erforderlich.

Jugendliche kennen ihre Situation meist recht genau. Sie wenden sich dorthin, wo sie Anerkennung erfahren und eine Perspektive für sich erwarten. Geraten ihre Ausrichtungen ins Stocken, bleibt den Eltern vorerst nur, im Gespräch miteinander zu bleiben, bis ein weiterer Anlauf unterstützt werden kann.

> Die fünfzehnjährige Sandra trieb sich viel mit zweifelhaften Freunden herum. Sie hatte Angst davor, bald die Schule zu beenden und dann ohne die vertrauten Mitschüler ihre berufliche Ausbildung zu beginnen.

Die Eltern überredeten ihre Tochter zu einem kurzen Aufenthalt bei Bekannten im Ausland. Dort gewann die junge Frau die Erfahrung, auch allein zurechtzukommen. Das motivierte sie für eine selbständige Suche nach einer Ausbildungsstelle.

Junge Menschen wollen und müssen ihre Persönlichkeit erproben. Sie brauchen dafür beständige ‹Rituale› und überschaubare ‹Erlebnisräume›. Beständig, damit sie sich vertiefend einlassen und sich an den Rückmeldungen selbst erkennen können. Überschaubar, damit sie ihre Erlebnisse den Ursachen zuordnen können. Jugendhäuser oder Sport- und Freizeitvereine sind eine klassische Möglichkeit dafür. Aber auch nahezu jedes andere aktiv suchende Verhalten kann zu Perspektiven und Chancen führen: die Beschäftigung mit Computern genauso wie die erste Liebesbeziehung, Jobben und das erste selbstverdiente Geld genauso wie die neugegründete Musikband. Jugendliche sind auf der Reise, und Pädagogen sollten ihnen gutes Rüstzeug mitgeben.

Bleiben sie aktiv, werden sie eine Ausrichtung finden, die ihrer Persönlichkeit entspricht und ihnen einen Platz in der Gesellschaft ermöglicht. Ziehen sie sich jedoch dauerhaft zurück oder verrennen sich anhaltend, ist professionelle Beratung zu empfehlen.

Viele Eltern retten sich mit der Hoffnung über die Jahre der Pubertät, daß sich alles schon wieder einrenken wird. Und solange die jungen Leute engagiert suchen, ziemlich egal, auf welche Weise, stehen die Chancen dafür gut. Die schließlich Erwachsenen schwärmen hinterher, daß ihre Eltern sie nie aufgaben, letztlich alles zuversichtlich aushielten und immer zugewandt blieben. Sie werden diese Erfahrung des zuversichtlichen Durchhaltens ihrer Eltern einige Jahre später dankbar an ihre eigenen Kinder weitergeben können.

> Mit kritisch-stützenden Gesprächen zuversichtlich durchhalten und die Verselbständigung von Jugendlichen aktiv fördern.

Auch das muß sein:
Prinzipielle Grenzen setzen

Es gibt Prinzipien, deren Mißachtung unübersehbare Folgen auslösen würde. *Ein* solches Prinzip ist der eingangs zitierte ‹kategorische Imperativ›: «Handle so, daß die Maxime deines Willens jederzeit zugleich als Prinzip einer allgemeinen Gesetzgebung gelten könnte.» Dieses vernünftige Prinzip sozialen Zusammenlebens kann leicht pädagogisch gewendet werden: «Lerne so zu handeln, daß hinterher alle damit einverstanden sind.»

Verweigert sich ein Kind dieser Bestimmung, stellt es sich gegen *das* soziale Prinzip seiner Gemeinschaft. Für das Kind mag das lediglich eine Grenzerprobung sein. Für die Erziehung aber ist dies eine Schlüsselsituation.

Fast jedes Kind erliegt einmal der Verlockung, im Kaufhaus ein «Objekt seiner Begierde» einzustecken. Wichtig ist, daß es später zu einer *Bestrafung* oder einem *Ausgleich* kommt und das Kind sich dieser Konsequenz nicht entzieht oder widersetzt. Wird das Prinzip, daß angemessene Konsequenzen verantwortlich zu tragen sind, immer wieder verletzt oder unterlaufen, sind Sanktionen unvermeidlich.

Eltern haben in der Regel einen guten Blick dafür, ob ihr Kind lediglich die Möglichkeiten der jeweiligen Situation austestet oder einen Machtkampf gegen die Gültigkeit von Prinzipien austrägt.

Schulkinder verraten ihr Austesten meist mit einem triumphierenden Tonfall oder indem sie sich mit skeptisch-zufriedenem Lächeln unverständig stellen. Prinzipienkämpfe dagegen wirken verbissen, maßlos und zutiefst aufrührend.

Selbstsichere Eltern nehmen kindliche Prinzipienkämpfe aufmerksam, aber gelassen an. Sie beharren einerseits auf ihrem Prinzip und machen andererseits immer wieder Angebote, um ihrem Kind das Einlenken zu erleichtern: «Ich weiß, es ist schwer für dich. Aber ich lasse nicht zu, daß du einfach wegläufst. Wir müssen das wieder in Ordnung bringen. Ich helfe dir dabei. Zusammen schaffen wir das doch.»

Viele Eltern suchen Beratung, wenn sie sich häufiger zu prinzipiellen Auseinandersetzungen gezwungen sehen. Meist ist dann eine umfassende Diagnostik des psychosozialen Entwicklungsstands, des kindlichen Empfindens und der Familiendynamik angezeigt, etwa beim Kinder- und Jugendpsychiater oder in einer Erziehungsberatungsstelle. Vielleicht ringt das Kind um seine Spontaneität, weil seine absichtliche Steuerung noch nicht gegen die emotionalen Impulse ankommt. Vielleicht blockiert eine Beziehungsstörung das Einlassen. Vielleicht steht eine andere tiefere Ursache hinter den verweigernden Kämpfen.

> Manche Eltern zwingen ihrem Kind die sinnliche Erfahrung absoluter Grenzen auf, indem sie das Kind ‹festhalten›. Sie halten ihr wütendes Kind gegen jeden Widerstand so lange eng umschlungen an sich, bis sich das Kind erschöpft der elterlichen Zuneigung hingibt.
> Vielleicht stimmt die Behauptung, daß ein fachkundig angeleitetes Festhalten eine wirksame Therapie für autistische Kinder sein kann (Prekop, 1989).
> Mir jedenfalls wurde das ‹Festhalten› wiederholt von überbehütenden Müttern geschildert, die früher partout keine Weisung durchsetzen wollten, später mit ihren älteren Kindern nicht mehr zurechtkamen und nun in ihrer Not diese Form der Grenzsetzung anwendeten – allerdings ohne anhaltenden Erfolg.

Meiner Beobachtung nach wird in konfusen Familien unverhältnismäßig häufig lautstark und wirkungslos um die Geltung von Prinzipien gestritten. Autoritär Erziehende mißachten zudem nicht nur das Lernvermögen und den Lernbedarf ihres Kindes, sondern auch dessen Würde:

> Herbert, ein erwachsener Mann, erinnert sich noch heute bitter an die wiederholten Rohrstockschläge, die er als Kind von seinem ursprünglich einmal geliebten Vater erhielt. Nach den Schlägen wurde er stundenlang auf der Toilette eingesperrt. Seiner Schwester ist er noch heute dankbar, daß sie ihm Spielzeug in sein Gefängnis schmuggelte.

Weshalb er geschlagen und eingesperrt wurde, erfuhr Herbert erst, als er sich als Erwachsener mit seiner Schwester darüber austauschte. Seine Beziehung zum Vater war und wird wohl immer zerrüttet bleiben.

Eskaliert ein Streit zwischen Eltern und Kindern, ist für alle Beteiligten förderliches Lernen unmöglich. Statt dessen fließen Tränen, weil die Eltern ihre Macht durch strenges Auftreten demonstrieren. Ein Kind behält von solchen Konfliktsituationen nur seine eigene Ohnmacht, die persönliche Demütigung und sein Rachebedürfnis in Erinnerung.

Gehen Sie in drei Stufen vor, wenn Sie ein Erziehungsmittel durchsetzen müssen.

▷ Brechen Sie die eskalierte Auseinandersetzung vorerst ab, um sie später ruhig, entschieden und vorbereitet wiederaufzugreifen. Versuchen Sie es mit einer erneuten Abklärung und einer anderen angemessenen Konsequenz.

▷ Geht das Kind wiederum nicht darauf ein, verlangen Sie zunächst eine Besänftigung Ihres momentanen Ärgers, um das Problem später ein weiteres Mal aufzugreifen.

▷ Löst auch das die Situation nicht, planen Sie eine ganz intensive Erziehungsphase mit vielen durchsetzbaren kleinen *Weisungen*, *Regelungen* und *Hinweisen*. Ihre intensive Aufmerksamkeit reicht nun von tadelnden Blicken bis zu ständiger Aufsicht über das Kind.

Die unausweichliche Botschaft einer solchen Phase intensivster Aufmerksamkeit lautet: «Solange du dich den angemessenen Konsequenzen verweigerst, weisen wir an, was du zu tun und zu lassen hast!»

Konkretere Maßnahmen will ich nicht vorschlagen. Jede Familie muß so reagieren, wie sie es durchhalten kann, ohne daß wechselseitige Verbitterung aufkommt. Denn Einsicht und Umlernen setzen meist erst schrittweise und allmählich ein.

> **Persönlichkeit kann nicht erstritten werden –**
> **Persönlichkeit entwickelt sich im alltäglichen Tun.**

4. EIGENE KONSEQUENZEN ZIEHEN

Erzieherisches Handeln wirkt nicht nur nach außen, sondern erfordert zunächst die Fähigkeit, erzieherisch handeln zu *können*. **Konsequenzen setzen** zu wollen bedeutet für Eltern und Erziehende, auch für das eigene Verhalten **Konsequenzen ziehen** zu müssen, insbesondere, indem sie:

▷ *Vorbild* sein wollen,
▷ *Beziehungen* pflegen,
▷ *Strukturen* schaffen,
▷ *Sinngebungen* verfolgen und
▷ *Rahmenbedingungen* verbessern.

Konsequenz ist keine isolierte Verhaltensweise, sondern ein Lebensstil, der rückwirkend die eigene Persönlichkeit prägt.

«Wie die Alten sungen ...»:
Selber ein Vorbild sein wollen

Die Lernpsychologie hat vielfach nachgewiesen, daß Kinder besonders effektiv lernen, indem sie nachahmen, was sie beobachten konnten. Kleinkinder lernen die Sprache durch Hinhören und Nachsprechen, bereits Dreijährige imitieren bevorzugt Verhaltensweisen ihrer bewunderten Bezugspersonen, und Jugendliche fühlen sich gern wie ihre Idole. «Wie die Alten sungen, zwitschern nun die Jungen», lautet das Sprichwort dazu.

Glücklicherweise wählen Kinder ihre Modelle für Verhaltensweisen und die Identifikation nicht beliebig. Sie bevorzugen erfolgreiche und vertraute Bezugspersonen, deren Anerkennung ihnen gewiß ist: Wenn der jüngere Peter den Handwerkergürtel von seinem älteren Bruder umlegt, stolziert er herum wie ein Zimmermann persönlich.

Solche scheinbaren Angebereien sind intensive Rollenspiele, in denen Kinder auch Lob und Tadel ihrer Bezugspersonen verinnerlichen und auf sich selbst anwenden lernen.

Normal entwickelte Kinder wählen Modelle und Vorbilder, die ihnen helfen, sich einzulassen, etwas zu können, sachgemäß tätig zu sein und erfolgreich zu handeln. Psychisch gestörte Kinder hingegen bevorzugen Modelle, die ihre Schwächen oder Probleme vordergründig auszugleichen scheinen. In der Pubertät wird das überdeutlich:

> Der jugendliche Janusz war mit seinen Eltern auf langen Umwegen vom Balkan nach Deutschland übergesiedelt. Das hatte ihn entwurzelt.
>
> Aufgrund der Sprachprobleme blieben seine Schulleistungen schwach, so daß seine Aussichten auf eine Lehrstelle schlecht waren. Seine früheren Ziele waren unbrauchbar geworden, und er wollte jetzt nur noch reich werden. Seine vertraute Umgebung, sein Zuhause und seine Freunde hatte er verloren und sich nun einer Straßenbande angeschlossen, für die er in den Läden klauen sollte. In seiner tiefen Verunsicherung vertraute er nur noch auf sich selbst und trainierte, um wie der Schauspieler Sylvester Stallone ein unbesiegbarer «Rambo» zu werden.

Was Janusz nicht wußte: Sein Vorbild Stallone hatte sich tatsächlich nach einer Zeit als jugendlicher Schläger und Kleinkrimineller entschieden durchzustarten und sich ein anerkanntes Leben als prominenter Schauspieler erkämpft. Das war nun der Ansatz für die Therapie mit Janusz.

Ich empfahl ihm, die wirkliche Lebensgeschichte seines Vorbilds zu lesen. Wir diskutierten und probten, was er von diesem Mann übernehmen könnte. Bald *identifizierte* sich Janusz mit seinem neuen *Vorbild*, und er *imitierte* dessen Körpertraining, indem er den Kampfsport *Taekwondo* trainierte. Diese reelle Ausrichtung gab seinem Leben zunächst eine Wende.

Glaubwürdige Modelle und Vorbilder bieten reelle Perspektiven.

Kurz darauf wurde Janusz' Perspektive erneut von außen zerschlagen:

> Kaum war der Familie endgültig der Aufenthalt in Deutschland untersagt und die Abschiebung angekündigt worden, verlor Janusz seine Perspektive und den Glauben an sich ein zweites Mal. So schloß er sich für die letzten Aufenthaltswochen wieder seiner kriminellen Clique an.

Irgendwann treten in jedem Leben unvermeidbare Enttäuschungen, Zwänge oder Trauer auf. Dann erweist es sich, ob die bis dahin erreichten Fähigkeiten bereits stark und stabil genug sind, mit diesen Lebenskrisen fertig zu werden. Leben Eltern ihren Kindern vor, unabänderliche Ereignisse trauernd hinzunehmen, in schwierigen Lagen zuversichtlich zu hoffen und negative Gefühle aktiv zu verarbeiten, werden sie zu Vorbildern in Krisenbewältigung.

Das Nachahmen von Modellen trainiert Beobachtungsgabe, Einlassen, vorsätzliche Selbst-Steuerung, Rollenkompetenz, Flexibilität und vieles mehr. Die Identifikation mit Vorbildern stabilisiert Kinder gegen Anfechtungen, erweitert den Horizont, weckt Kreativität und gibt der Persönlichkeitsentwicklung Richtung und Sinn.

Die meisten Kinder lieben Stimulationen und gehen dorthin, wo es turbulent zugeht. Verhalten sich die Erziehenden jedoch aufregend chaotisch, richtungslos und unberechenbar, prägt dies die Kinder. Stimmen Worte, Taten und Stimmungen nicht überein, kostet das die Autorität des Vorbilds. Schon deshalb sollten Erziehende zu sich selbst und nach außen ehrlich sein und, statt darüber hinwegzureden, Fehler eingestehen.

Einzelne Widersprüche tolerieren Kinder, wenn die Bezugspersonen ehrlich bedauernd dazu stehen, beispielsweise wenn der Vater leider selbst raucht, aber den Kindern das Rauchen verbietet. Doch der Kredit an die Glaubwürdigkeit widersprüchlichen Verhaltens ist ebenso begrenzt wie die positive Grundorientierung beim Nachahmen.

Die verschiedenen vorbildlichen und modellhaften Bezugspersonen müssen nicht alle gleich handeln. Schon Kindergartenkinder können damit umgehen, daß zu Hause andere Regeln gelten als bei

Oma und Opa: «Bei uns darfst du dir jederzeit einen Saft holen und trinken. Aber jetzt bei der Oma, das weißt du, mußt du erst fragen!» Sofern sie intuitiv motiviert bleiben, lernen Kinder dadurch sogar verstärkt, sich auf verschiedene Personen unterschiedlich zu beziehen.

Bezugspersonen sollten sich keinesfalls gegenseitig abwerten.

Das gilt später auch für Eltern gegenüber den Cliquen ihrer pubertierenden Jugendlichen.

Kinder sollten gern Kinder sein wollen und dennoch zuversichtlich dem Erwachsenwerden entgegensehen. Diese Gratwanderung gelingt, wenn die Kinder sich selbst als glücklich empfinden *und* das Leben ihrer erwachsenen Vorbilder ebenfalls als glücklich kennenlernen. Erwachsenwerden ängstigt Kinder, denen die Bezugspersonen vorleben,

▷ daß alles schwierig und stressig ist,
▷ daß überall Ärger, Schuld und Mißgunst drohen,
▷ daß leider niemals Zeit für die Familie bleibt,
▷ daß Engagement sich nicht lohnt und nicht zur Verbesserung der Lebensumstände führt.

Warum sollten Kinder mit solchen Vorbildern nicht lieber unbedarfte Kleinkinder ohne verantwortliche Selbst-Steuerung bleiben wollen?
Die pädagogische Aufgabe, Vorbild zu sein, verpflichtet Erwachsene förmlich dazu, am eigenen Lebensglück zu arbeiten.

Eltern sollten Vorbild sein wollen – auch an Lebensfreude!

Das ‹Ich› entstammt dem ‹Du›:
Die eigenen Beziehungen pflegen

Beziehungen sind keine Waren, die man kaufen oder besitzen könnte. Beziehungen sind auch mehr, als sich in besonderer Weise durch andere Menschen angesprochen zu fühlen. ‹Sich zu beziehen› ist vor allem eine aktive Steuerung des eigenen Verhaltens im Hinblick auf die Bedeutung für den anderen: «Ich beziehe mich auf dich, indem ich es deinetwegen anders mache, als ich es nur meinetwegen täte.» In diesem Sinne ist die Pflege von Beziehungen eine besondere Art *vernünftiger Konsequenz* im Umgang mit sich selbst.

Beziehungen zu pflegen bildet auch die eigene Persönlichkeit.

Auf Kinder ‹Bezug zu nehmen› wirkt auf die Einstellungen und das Verhalten der Eltern zurück. Es führt im Familiengespräch über andere Leute zu einer respektvollen Wortwahl anstelle von abfälligen Bemerkungen. Es erfordert, sich doch noch zum versprochenen Freibadbesuch mit den Kindern aufzuraffen. Es kann den Verzicht auf spontanen Sex bedeuten, weil die Kinder ins Zimmer stürmen könnten. Es verlangt Eltern schier grenzenlose Geduld gegenüber den Launen ihrer Kinder ab.

Dieselbe Rückwirkung des Beziehens steckt in der Begeisterung für die ersten Schritte eines Kleinkinds und geschieht bereits in der Vorbereitung auf die Elternschaft.

Marga und Jérome erwarten ihr erstes Baby. Da beide noch studieren, ist ihre finanzielle Situation angespannt. Vor wenigen Wochen schon gaben sie ihre Studenten-WG auf, um in eine kleine Dachwohnung zu ziehen. Jérome jobbt jetzt, so viel er kann, und spart für das Leben zu dritt. Das Paar sammelt alle erreichbaren Kindersachen, das Kinderzimmer ist schon rührend eingerichtet. Man spürt die Vorfreude.

Das Neugeborene wird noch nichts mit den bereitliegenden Sachen anfangen können. Aber es wird Eltern haben, die sich liebevoll auf die neue Beziehung einstellten.

Kinder lernen von ihren Vorbildern, daß und wie Beziehungen gepflegt werden.

Obwohl die Mutter weiß, daß Jutta lieber ins Freibad ginge, drängt sie ihre Tochter ausdrücklich zum Geburtstagsbesuch bei der Schulfreundin: «Deine Freundin wird sich bestimmt besonders freuen, wenn du ihr gratulierst. Und ich finde es toll, daß du schon eine gute Freundin bist, auf die man sich verlassen kann.»

Gute Pflege läßt Beziehungen wachsen wie Blumen. Zuwendung und Zuversicht sind der Humus. Interesse, Einfühlung, Zärtlichkeit, Liebe und Rücksichtnahme sind die Blüten. Blühende Beziehungen melden zurück, mit welchen Stärken und Schwächen man auf andere Menschen wirkt und was man für die anderen bedeutet.

Das Selbstbild entstammt dem ‹Ich im Du› der Beziehungen.

Trotz aller Rückwirkungen von Beziehungen durchleben Eltern und Kinder die unterschiedlichen Entwicklungsphasen aus verschiedenen Perspektiven: Sie entstammen immer zwei getrennten Generationen.

Anfänglich sind Eltern liebevolle Versorger. Dann vermitteln sie erzieherisch angemessene Erfahrungen. Später halten sie sich zurück und unterstützen die Verselbständigung des jungen Menschen. Sind die Kinder erwachsen, sollte sich der erzieherische Anteil völlig verlieren. Schließlich kann es zu einem Rollentausch kommen, in dem die erwachsenen Kinder wahrscheinlich selbst Kinder erziehen und ihre greisen Eltern pflegen. Aber immer wird in diesem Beziehungsgefüge klar, wer die Eltern und wer die Kinder sind. Die ‹Generationengrenze› bleibt bestehen.

Kinder brauchen ein Grundvertrauen in ihre Eltern, damit sie gefahrlos in die Welt hineinfinden. Sie sind keine Sorgenpartner für Eltern, weder für verzweifelte Ehepartner noch für überforderte Alleinerziehende. Kinder sollten vielmehr die Lebensfreude ihrer Bezugspersonen spüren, damit sie selbst erwachsen werden wollen.

> Wahrscheinlich setzten sich die in den siebziger Jahren so vielgepriesenen ‹Familienkonferenzen› u. a. deshalb nicht durch, weil sie die Generationengrenze gefährdeten: Eltern und Kinder können nicht alle Konflikte partnerschaftlich und ohne Niederlagen lösen. Sie stehen natürlicherweise ‹generational› zueinander.
> Ich frage nach, wenn Eltern sich von ihren Kindern mit Vornamen anreden lassen, um dadurch ihr ‹partnerschaftliches Verhältnis› zu unterstreichen. Nicht selten erweist sich bei genauerer Befragung, daß diese Eltern einerseits ihre eigene, autoritäre Erziehung nicht wiederholen wollen, andererseits aber kein positives Erziehungskonzept haben.

Leicht schleichen sich in die Erziehung grundlegende *Abwertungen* ein, die jede pädagogische Reife vermissen lassen: «Nie machst du ...» – «Immer bist du diejenige, die ...» – «Dir glaubt doch niemand mehr ...» – «Sag mal, bist du eigentlich noch zu retten?» – «Du stellst dich wirklich zu blöd an!»

Derartige Äußerungen sind zwar unter Kindern üblich, als ständiger Erzieher- oder Elternkommentar verletzen sie die Persönlichkeit des Kindes. Denn jedes lernfähige Kind nimmt solche Suggestionen wie eine Dauerhypnose in sich auf. Es muß und wird sie zugleich glauben und bekämpfen. Spätestens in der Pubertät reagiert ein solches Kind depressiv, verbittert oder aggressiv.

Häufige Mißachtungen der Generationengrenze, beispielsweise indem Kinder für Probleme der Eltern verantwortlich gemacht werden, sind seelische Mißhandlungen: «Wegen dir kann ich nicht glücklich sein.» Oder: «Schließlich hast du unsere Ehe kaputt gemacht.» Derart anklagende Eltern erweisen sich immer selbst als hilflos, ohnmächtig oder verbittert angesichts der Übermacht ihrer eigenen Probleme.

Von positiv verlaufenen Erziehungsprozessen kann man schließen, welche Beziehungsanteile erzieherisch wahrscheinlich förderlich wirken.

Erfolgreich erziehende Eltern beobachten ihre Kinder und sich selbst sehr aufmerksam und ‹zugewandt›. Weder über- noch unterfordern sie sich oder die Kinder.

Diese Eltern gehen in typischer Weise zuversichtlich mit ihren Kindern um: Statt mit der akzeptierenden Haltung: «Ich liebe dich, so wie du bist» begegnen sie ihren Kindern mit der zusätzlich motivierenden Einstellung: «Ich liebe dich, wie du bist und wirst.» Diese Eltern freuen sich sowohl am Entwicklungsstand als auch am Entwicklungs‹prozeß›. Sie erziehen von Anfang an auf die natürliche Verselbständigung ihres Kindes hin und vertrauen auf seine Entwicklung und Individuation. Sie geben dem Kind in Krisen sowohl unbedingte emotionale Unterstützung, Nähe und Anerkennung als auch geistige Anregung, Anleitung und Erklärung. Das Zusammenwirken dieser ermutigenden, positiven Haltungen bewirkt, daß ein Kind neue Ereignisse nicht als Bedrohung empfindet, sondern als Herausforderung annimmt. Statt unkontrolliertem Streß wird im Gehirn eine Aufmerksamkeitsreaktion ausgelöst.

Die Kinder prozeßorientierter Eltern spiegeln die elterliche Zuversicht, indem sie offensiver, optimistischer, selbstsicherer, eigensinniger wirken und bereits selbst «zuversichtliche kleine Persönlichkeiten» sind.

Die meisten Eltern wissen, daß schon Babys fördernde Stimulierungen brauchen, und halten ihre Kinder stets zu aufmerksamer Reaktion, neugieriger Koordination, einfühlsamer Intuition, sachgemäßer Selbst-Steuerung und überlegter Willenskraft an. Sie erwarten Ehrlichkeit und Selbstverbesserung, fördern Offenheit und Kreativität, erkennen Entschiedenheit und Verantwortung an. Sie geben ihren Kindern Hilfestellungen, die sie dazu ermutigen, selbst etwas auszuprobieren oder zu erarbeiten. Nachdem die Kinder eingeschult sind, legen sie mehr Gewicht auf die tätigen Prozesse als auf die Leistungsergebnisse des Kindes.

Erfolgreich erziehende Eltern verhalten sich eindeutig und klar. Ihr

Stil wirkt resolut, beständig und flexibel zugleich. Dennoch variieren sie ihre Erziehungsmittel und Erfahrungen. Auf die Dauer gesehen, passen sie ihren Stil den jeweiligen Entwicklungsphasen an; in den einzelnen Konflikten aber beharren sie auf angemessene Lösungen.

Gemeinsam erziehende Partner sprechen darüber, was sie anstreben, was sie wahrnehmen und was ihnen gefällt. Sie wachsen bei ihren Gesprächen über ihre eigenen Kindheitserfahrungen hinaus und öffnen sich Anregungen in bezug auf ihre eigenen Kinder.

Und sie unterbrechen sich auch nicht gegenseitig: Wer eine erzieherische Lenkung beginnt, führt diese auch unkommentiert zu Ende. Etwas anderes ist es, wenn der Partner selbst um «Ablösung» bittet, weil er sich in eine Sache verrannt hat. Rege miteinander kommunizierende Partner kommen später, wenn sie wieder allein sind, auf die schwierige Situation zurück und verständigen sich dann über Ansätze und Lösungen für die Zukunft.

Solche Eltern erziehen in zumindest vier unterschiedlichen Intensitätsgraden:

▷ Sie machen sich Gedanken über den Alltag und ziehen etliche Konsequenzen für sich selbst und ihren familiären Lebensstil.
▷ Sie nutzen ihre lenkenden Erziehungsmittel resolut, klar, eindeutig, beherzt und beharrlich.
▷ Sie erproben, wenn es gut läuft, differenziertere Erziehungsmittel und greifen, wenn es schwierig wird, auf die früher wirksamen Lenkungsmittel zurück.
▷ Und sie beziehen sich, wenn sie (selten) Sanktionen setzen müssen, höchst aufmerksam und zugewandt, absolut klar und entschieden auf ihr Kind.

Beziehungen währen über den Tod hinaus. Jedes Familienfoto spannt einen Beziehungsbogen vom Heute in die Vergangenheit, stellt das Kind in die Reihe seiner Vorfahren und läßt es die überdauernde Bedeutung von Beziehungen erahnen.

> Beziehungen sollten zugewandt und zuversichtlich gepflegt werden.

Chronos bändigte das Chaos:
Orientierende Strukturen schaffen

Viele Situationen sind so vielschichtig, daß nicht unmittelbar klar wird, wie mit ihnen umzugehen ist. Manchmal hilft es, die Hintergründe zu verstehen oder nach der inneren Regel «Eins nach dem anderen» zu verfahren oder sich an der momentan wichtigsten Person zu orientieren. Anders gesagt: Komplexe Situationen brauchen Strukturierungen.

Brechen wichtige Strukturen weg, gehen auch die daran hängenden Gewohnheiten und Orientierungen leicht verloren. Arbeitslosigkeit oder der Rentenbeginn markieren Lebensabschnitte, die viele Menschen völlig aus der Bahn werfen. Andere Leute wollen ihr Leben bewußt möglichst wenig strukturieren, gehen dann aber schier haltlos in ihrem Chaos unter.

> Wer mit seinen Gewohnheiten in stabilen Strukturen lebt,
> kann sich jederzeit ein bißchen Chaos leisten.

In der Vorstellung der alten Griechen bändigte der Gott Chronos das ursprüngliche Chaos, indem er es durch die Zeit strukturierte. Das ist doch eine Anregung für die Bewältigung von Alltagschaos!

Die deutlichste ‹zeitliche Strukturierung› des Familienalltags geschieht durch die Mahlzeiten. Bis zum Frühstück geht's ums Aufstehen, Anziehen, Warmlaufen. Beim Mittagessen wird von Kindergarten, Schule oder Job erzählt und der Nachmittag geplant. Das Abendessen endlich mündet in ein ruhiges Ausklingen des Tages und leitet über zur Abendgestaltung mit Spielen, verschiedenen kleinen

Tätigkeiten, Fernsehen, Zubettgehen der Kinder und Ausspannen der Eltern. Manche Familien nutzen die Essenszeiten gezielt für die Tagesorganisation. Andere Familien gestalten die gemeinsamen Mahlzeiten eher als Erzähl-Essen: Sie berichten sich gegenseitig, was sie bereits erlebt haben und für den Tag planen. Hat eine Familie überhaupt keine festen Mahlzeiten, etwa im Zuge der Arbeitszeitflexibilisierung, braucht sie andere ‹Kontaktzeiten›.

Auch räumliche Zuordnungen strukturieren. Wollen Sie die Wohnung nicht zu einem Notstandsgebiet verkommen lassen, ordnen Sie den verschiedenen kindlichen Aktivitäten eigene Orte zu. Ein alter Campingtisch auf einer Plastikplane kann zum Malatelier werden. Mit Straßen bemalte Pappen grenzen die Lego- und Autostadt vom Wohnzimmerteppich ab.

«Dies ist unser Wohnzimmer, und ich möchte nicht, daß du hier mit den Wachsmalstiften malst!» Indem ein Kind selbst Ähnliches für sein Kinderzimmer betont, verinnerlicht es diese Art der räumlichen Strukturierung. Bald wird es seine Kuschelecke aufsuchen, um sich vom Toben ein wenig zu beruhigen.

Beziehungen strukturieren ebenfalls. Wenn Eltern lernen, zu ihrer Elternschaft zu stehen, statt nur Partner sein zu wollen, werden sie allein dadurch klarer und zugewandter. Reagiert ein Kind mit mehr Anhänglichkeit darauf, war die Umstellung angemessen. Familien benötigen dafür keine Autoritätshierarchie vom Vater über die Mutter und über die Geschwisterreihe bis zum jüngsten Kind. In Stieffamilien beispielsweise würde das die gewachsenen Beziehungsgeschichten mißachten. Lebendige Familien entwickeln hilfreiche Ordnungen aus sich heraus oder wählen sie, wenn sie Vorgaben brauchen, selbst.

Manchmal hebt schon die klare Unterscheidung von «Ich-Du-Wir-Man»-Botschaften Konfusionen auf: «*Ich* will jetzt von dir, daß auch *du* den Radhelm aufsetzt, weil *man* das zur Sicherheit halt muß und weil *wir* nicht vorher losfahren werden.» Solche «Ich-Botschaften» benennen die eigene Befindlichkeit offen, bezeichnen den Sachverhalt direkt und zielen auf konkrete Verhaltensweisen.

Chaotisch erziehende Familien kommunizieren oft unstrukturiert.

«Tinchen, könntest du schon mal den Tisch decken?» *(Pause)*

«Tina, geh doch bitte mal den Tisch decken.» *(Pause)*

«Bettina, jetzt decke endlich den Tisch!» *(Pause)*

«Ja, hörst du denn gar nichts?!» *(Pause)*

(Der andere Elternteil mischt sich ein.) «Nun laß mal, Tinchen will gerade nicht.»

«Donnerwetter aber auch, dann eben nicht.»

Und die Mutter oder der Vater deckt den Tisch selbst.

Bettina wäre schön dumm, wenn sie die Unklarheiten in der Kommunikation mit und zwischen ihren Eltern nicht ausnutzen würde.

Übersicht und Klarheit in den Erziehungsalltag bringt eine einfache inhaltliche Art der Strukturierung: Das ‹Schmusen› verbindet im gemeinsamen Empfinden, während ‹Toben› augenblickliche Impulse selbstbezogen ausagiert. Im ‹Spiel› entfaltet sich die Seele, indem sie sich auf die Möglichkeiten einläßt. Und im ‹Tun› steuert sich die Person nach den äußeren Bedingungen.

Unterscheiden Sie ‹Schmusen – Toben – Spielen – Tun›.

Mischungen der verschiedenen Verhaltensweisen lösen häufig Konfusionen aus. So verliert das Schmusen schnell seine Innigkeit, wenn es zum taktischen Vorspiel für das Toben verkommt. Ein längeres Beispiel mit unterschiedlichen Episoden veranschaulicht das:

Die fünfjährige Elke darf jeden Sonntagmorgen ins Elternbett schlüpfen. Sie kommt ganz still herangeschlichen, krabbelt ins Ehebett, kuschelt sich vorsichtig an und genießt die warme Haut von Papa und Mama.

Nach einem Weilchen wird sie unruhig; dreht sich, zupft an den Haaren der Eltern und erzählt ihre Träume. Die Mutter stöhnt kurz auf, sie weiß genau, wie es weitergehen wird. Der Vater entschließt sich zuzuhören.

Dann muß Elke erst mal schnell auf die Toilette. Und wenn sie wiederkommt, hopst sie mit Anlauf aufs Bett. Die Mutter nimmt das zum Anlaß aufzustehen. Der Vater dreht sich genervt weg. Nun wird aus dem Hopsen ein richtiges Trampolinspringen. Elke springt und kreischt und wirft sich mit aller Kraft in die Kissen. Bis es dem Vater weh tut, er sie ermahnt und schlechtgelaunt aufsteht.

Elke kann sich gar nicht mehr beruhigen, sie ist völlig eingetobt und rast überdreht durch die ganze Wohnung. Schließlich tut sie sich irgendwo weh, oder es geht etwas zu Bruch – ein schlechter Start in den gemeinsamen Sonntag.

Schade, wenn das innige Schmusen immer so endet. Entweder sollte man wirklich miteinander im Bett toben und nach einer Weile miteinander aufhören oder zumindest nach dem Toilettengang von Elke schon die Anfänge des Tobens unterbinden. Elke könnte dann auf den alten Matratzen in ihrem Zimmer hopsen, soviel sie mag.

Natürlich sollen Kinder ihre Lebenslust und ihren Bewegungsdrang austoben, aber nicht jederzeit und an jedem Ort. Selbst in einer kleinen Wohnung kann es eine Hüpfecke geben: drei alte Matratzen, zwei davon in die Ecke gelehnt, eine flach liegend, davor für den Absprung ein kleiner Teppichrest. Vielleicht hilft einem quirligen Kind auch ein Hüpfball, um seine Kräfte auszutoben. Und der klassische Punchingball der Boxer im Türrahmen kann etliche wütende Ausschläge eines Jugendlichen auffangen.

Zwei Stunden nach dem Herumtoben von vorhin spielt Elke «Eisbär». Sie hat sich mit Stühlen und einer Decke eine Höhle gebaut und torkelt nun behäbig schlenkernd durch die Wohnung. Die Mutter hat ihr im Tierbuch einen Eisbären gezeigt, und Elke hat sich daraufhin einen weißen Pulli geholt. Sie spielt intensiv und ist sehr in ihre Phantasie vertieft.

Als ihr das Herumtorkeln zu langweilig wird, bricht sie ihr kreatives Spiel ab und verfällt wieder ins Toben. Nun hopst sie auf dem Sofa herum und hat das Eisbärspiel völlig vergessen.

Auf sein Spiel eingelassen, nimmt ein Kind die Welt in sich auf und phantasiert sich in diese Spielwelt hinein. Da reicht ein weißer Pulli, um sich wie ein Eisbär zu fühlen. Ein zusätzliches Bettlaken hätte zu einer Eisscholle und ein Kopfkissen zu einer Robbe werden können.

Doch da Elke für die Fortsetzung und Erweiterung ihres Phantasiespiels leider keine Anregungen erhielt, verfiel sie wieder aufs Toben. Wäre Elke mit einigen neuen Ideen vom Toben abgehalten worden, hätte sie sich ausdauernder in ihr Spiel vertieft. So aber ‹trainierte› Elke ihre Gewohnheit, wenn ihr nichts mehr einfällt, zum Toben zu wechseln.

Zur Erinnerung: Treten Situationen wie in diesem Beispiel nur gelegentlich auf, sollten Eltern das nicht überbewerten. Wiederholen sich die Abläufe immer wieder, sollte man eine Veränderung anstreben. Die Verhaltensweisen in eindeutigere Strukturen einzubinden würde bereits für Erleichterung sorgen. Elkes Mutter hält deshalb einige Zeit später die inhaltliche Struktur bewußt aufrecht:

> Als Elke ihr beim Tischdecken helfen will, freut sich die Mutter. Aber als sie sieht, daß Elke das Besteck als Eisbär mit dem Mund transportiert, untersagt sie ihr das: «Nein, Elke, beim Tischdecken spielen wir nicht. Bring bitte die Messer und Gabeln richtig zum Tisch.»

Die Mutter macht damit konsequent deutlich, daß das Tischdecken kein Spiel werden soll, sondern eine ernstzunehmende Tätigkeit ist.

Kämpft ein älteres Kind intensiv darum, beliebig lustorientiert toben zu dürfen, sollten Eltern sich mit Fachkräften beraten. Vielleicht braucht das Kind lediglich einen passenderen ‹Kanal› für seine Energien. Vielleicht muß es ein belastendes Problem aus-toben oder findet nirgendwo ins intuitive Einlassen oder Tätigsein hinein und sucht daher Halt in seinem frühkindlichen Lustprinzip.

Gelingt es Jugendlichen, ihren Bewegungsdrang in einer neuen Sportart auszuleben, wie zur Zeit beim Skaten, sollte das anerkannt und unterstützt werden. Ein solcher Kanal zum Abreagieren schafft Freiräume, um sich anderswo einlassen zu können.

Inhaltlichen Strukturierungen gehen Entscheidungen voraus: Dabei müssen Kinder akzeptieren lernen, daß eine Entscheidung für etwas zugleich eine Entscheidung gegen die Alternativen bedeutet – zumindest vorerst.

Die Entscheidung für eine bestimmte Tätigkeit ermöglicht bereits einem kleinen Kind die Erfahrung, daß z. B. sein Klötzchenturm mit konzentrierter Ausdauer bis zu maximaler Höhe wachsen kann. Erst diese Erfahrung motiviert, sich weiter einzulassen.

Kindliches Einlassen und Bemühen sollte gegebenenfalls durch strukturierende Weisungen geschützt werden: Dem kleinen Brüderchen muß verboten werden, durch die soeben ausstaffierte Barbie-Welt seiner großen Schwester hindurchzukrabbeln. Eine ergänzende Strukturierungshilfe ist die Weisung der Eltern, daß ein Spiel erst abgeschlossen und das Spielzeug aufgeräumt werden muß, bevor das Kind mit einer neuen Beschäftigung beginnt.

Auch ein bißchen Nichtstun kann dem Strukturieren dienen: Kinder wie Erwachsene müssen «die Seele baumeln lassen dürfen», ihren Empfindungen nachspüren, um frische Kraft zu tanken. Kinder tun dies öfter beim «Herumkramen». Oder sie dösen in der Kuschelecke ein paar Minuten vor sich hin. Erwachsene binden ihre Muße oft in musische Tätigkeiten ein, z. B. ins Malen, Meditieren oder Musizieren. Auch aus Langeweile entstehen manchmal gute Ideen.

Innerhalb individuell verschiedener Tagesrhythmen und Schlafphasen sind die meisten Situationen durch Gewohnheiten und ‹Rituale› strukturiert. Wer seinen Hausschlüssel stets am selben Platz ablegt, braucht ihn nicht zu suchen. Haben sich Kinder an ein übliches Ritual des Zubettgehens gewöhnt, brauchen sie kaum noch elterliche Aufforderung und werden selbständiger. Die meisten Gewohnheiten und Rituale «spielen sich ein», indem sie sich bewähren und deshalb wiederholt werden, z. B. Spieleabende in der Familie statt passivem Fernsehkonsum.

Ab und zu müssen Eltern und Erzieher jedoch ‹Grenzen› setzen, um den Rahmen für Gewohnheiten und Rituale abzustecken (Rogge, 1995). Das erfolgt, je nach Enwicklungsalter und Situation, eher in Form von Eingriff, Weisung, Hinweis, Regel oder Abklärung und mit Verdeutlichung der Konsequenzen. Die Gewohnheiten und Rituale in einer Familie müssen zueinander passen. Deshalb führen Entwicklungen bei den Gewohnheiten der Kinder häufig zu Konsequenzen bei den Gewohnheiten der Eltern und umgekehrt. In diesem Wechsel-spiel entsteht der Familienstil.

Viele Eltern gestalten ihr Familienleben nach dem Lustprinzip und übertragen ihre Verantworung für die Kultivierung der Gefühle, die Sozialisierung des Benehmens und die Persönlichkeitsbildung durch konsequentes Erziehungsverhalten stillschweigend auf Kindergarten, Schule und Vereine.

Kevin ist viereinhalb, seine Schwester gerade drei Jahre alt. Seine Mutter erklärt, daß «Kevin nervt». Offenbar kann sie es dem Jungen nie recht machen, z. B. soll sie ihm abends wieder und wieder die Bettdecke neu zurechtrücken. Und wenn es ihr dann nach einer Weile zuviel wird, ruft Kevin nach dem Vater, um sein ent-nervendes Spiel mit diesem fortzuführen. Wenn es dann auch ihm zuviel wird, ruft Kevin erneut nach der Mutter. Eskaliert die Situa-tion, brüllt sie ihn irgendwann an, daß er seine Bettdecke doch selbst hochziehen solle. Und dann schreit Kevin zurück, daß sie eine «schlechte Mama» sei. Nimmt sie ihm daraufhin die Decke weg und läuft damit ins Wohnzimmer, schimpft jetzt ihr Mann mit ihr, weil sie zu streng gewesen sei. Und dann heult zusätzlich Ke-vin so schrecklich, daß sie ihm die Decke nach zehn Minuten wie-derbringt. Damit scheint sich schließlich alles wieder zu beruhi-gen, denn nun können beide Eltern wieder mit Kevin reden, so daß er bald darauf einschläft.

Die tägliche Eskalation des Streits um die Bettdecke kann man sich lebhaft vorstellen. Die Eltern sollten dringend angemessenere Rituale, Gewohnheiten und Absprachen finden, Kevin zum Einschlafen zu bringen. Überträgt Kevin sein häusliches Verhalten erst auf den Kin-dergarten, ohne daß die Erzieherinnen damit zurechtkommen, ist eine sehr schwierige Entwicklung abzusehen.

Einlassen, Differenzierung, Intensität, Ausdauer, Lernen, Kreativi-tät und Beziehungen brauchen Strukturen.

Strukturen schaffen, die das Einlassen erleichtern.

Familien leben nicht vom Geld allein:
Dem Leben einen Sinn geben

Kinder besonders geforderter Familien, die beispielsweise behinderte Angehörige betreuen, können sich durchaus positiv entwickeln. Obwohl den Eltern insgesamt weniger Kraft und Zeit bleibt und die ganze Familie mit schwierigen Unabänderlichkeiten konfrontiert ist, erleben die Kinder sinnvolle Zusammengehörigkeit, Solidarität, Rücksichtnahme und Verläßlichkeit.

> Kinder sollten mit und an ihren Vorbildern
> Sinngebung erfahren.

Die Sinngebung kann einer religiösen Anschauung oder Familientradition folgen, eine auferlegte oder gewählte Lebensaufgabe sein, sie kann sich aus dem nachbarschaftlichen oder dem örtlichen Vereinsleben entwickeln oder in politischem oder humanitärem Engagement bestehen. Sinnerfüllung ist für Kinder und Erwachsene gleichermaßen wichtig, denn sie dient Zielen, die über den Interessen des einzelnen stehen, ermöglicht bereichernde Erfahrungen, schafft übergeordnete Werte und Strukturen und ermöglicht tiefe, beglückende Beziehungen.

Das Gegenteil von Sinngebung geschieht in Streß-, Streit- und Schreifamilien, die von einer Kleinkatastrophe in die nächste geraten. Die Familienmitglieder hangeln sich wahrscheinlich von einer Illusion zur nächsten Frustration und sehnen sich vermutlich seit Jahren nach einem Neuanfang, für den die Aussichten aber immer schlechter werden. Denn ohne ‹Werte›, die über den Alltag hinausweisen und dem Familienleben eine übergeordnete Ausrichtung geben könnten, wiederholen sich die alten Muster immer wieder.

Die Eltern heirateten auf Druck der Familie, während die Mutter mit Fabian zum zweiten Mal schwanger war.

Der Handwerksbetrieb des Mannes floriert. Zwar kommt er mit der Arbeit nicht mehr nach, lehnt aber keine Aufträge ab. Er ist überlastet und gestreßt. Während der Woche kommt er nur noch zum Schlafen und Wäschewechseln nach Hause. Sonntags ist er überempfindlich und streitsüchtig.

Die Mutter hatte ihre Berufstätigkeit nach der Geburt der Kinder aufgegeben und erledigt nun zu Hause die Buchhaltung für ihren Mann. Das bedeutet eine zusätzliche Belastung zum Haushalt und der Kindererziehung.

Vor einiger Zeit lernte sie einen anderen Mann kennen, der gern mit ihr zusammenziehen würde, aber noch hält sie ihn und sich aus Rücksicht auf die Kinder zurück. Ihrem Mann hat sie schon öfter eine Paartherapie vorgeschlagen. Der Mann aber lehnt es ab, «zum Seelenklempner zu gehen». Das Paar bezweifelt, in einigen Jahren noch zusammenzuleben.

Beide schildern drastisch, wie laut und hektisch der Umgangston zwischen ihnen geworden ist. Sie gestehen, daß sie einander auch schon mehr als einmal geschlagen haben und daß Fabian und seine Schwester Zeugen der Auseinandersetzungen wurden. Beide Eltern wissen, daß sie «keine guten Vorbilder» für ihre Kinder sind und daß ihre Beziehungen zu ihnen nicht tragfähig sind. Sie verstehen, daß Fabians Unruhe in der Schule eigentlich «zum Familienstil paßt» und daß die ganze Familie dringend mehr Struktur und eine Perspektive bräuchte.

Die Analyse ergibt, daß Fabian durch die große Belastung, unter der die Ehe seiner Eltern steht, stark verunsichert ist. Finanziell ist die Familie zwar abgesichert, aber sowohl die Ehepartner als auch die Kinder bräuchten Werte, um eine Ausrichtung finden zu können und die dauernde Selbstüberforderung aufzulösen. Um dem Familienleben aus seiner Sicht Sinn und Zusammenhalt zu geben, macht Fabian negativ auf sich aufmerksam. Positive Sinngebung hat er durch die Eltern bislang nicht erfahren.

Familien müssen und können ihren Stil, ihre Themen und ihr Klima selbst wählen. Sie sollten sich dabei nicht zu sehr mit anderen vergleichen, sondern sollten sich selbstbewußt an eigenen Werten ausrichten. Kinder unterlaufen die erzieherischen Absichten erst dann, wenn die familiären Sinngebungen inkonsequent vertreten werden oder sehr weit vom umgebenden Zeitgeist abweichen und grundlegende Zweifel wecken.

> Familie C. ist aus guten Gründen gegen das ständige Fernsehen ihrer Kinder. Um der Sache nun Herr zu werden, schafften die Eltern die Flimmerkiste einfach ab und kauften die neuesten Brettspiele.
>
> Ihre Kinder gingen daraufhin zu verschiedenen Nachbarskindern: offiziell, um gemeinsam zu spielen, heimlich aber, um möglichst viele Fernsehprogramme und sogar Videofilme anzusehen.

Werden zu realitätsferne Werte von den Kindern einfach umgangen, sollten der bisherige Familienstil und die familiären Sinngebungen pädagogisch überdacht werden.

Zumeist aber imponiert es Kindern, wenn ihre Bezugspersonen Sinnvolles tun, z. B. für den Sportsonntag trainieren, auf den kommenden musikalischen Auftritt hinfiebern, das Kirchengemeindefest vorbereiten oder sich in der Nachbarschaft engagieren. Sie beobachten die Vorbereitungen, spüren die Vorfreude, nehmen an den Beziehungen teil und machen meist gerne mit. Sie erleben dabei Erfolge und Frustrationen, Komplikationen und Glücksfälle, erfahren sich und andere Menschen.

**Eltern sollten selbst sinnvoll leben,
damit ihnen ihre Kinder darin gerne folgen.**

Es gibt weitaus sinnvollere Betätigungen, als Designer-Klamotten oder materielle Besitztümer vorzuführen. Jedes noch so kleine Engagement macht Individuen und Familien unverwechselbar und prägt die Persönlichkeitsentwicklungen. Beobachten Sie nur einmal das stolze Interesse von Angehörigen und Kindern bei einer Darbietung der musikalischen Früherziehung auf dem Stadtteilfest.

Man kann nicht voraussagen, ob ein Kind, das heute Käfer sammelt, musiziert oder Karate lernt, dies als Jugendliche oder Jugendlicher auch noch tun wird. Aber jedes sinnvoll tätige Kind bildet die Fähigkeiten aus, sich selbst zu aktivieren und zu koordinieren, sich einzulassen und zu steuern, sich zu konzentrieren und zu korrigieren, sich zu begeistern und zu engagieren. Es wird über seine Interessen und Hobbys Freundschaften gewinnen und Rückmeldungen für seine Persönlichkeitsbildung erhalten. Es wird lernen, sich und seine Umwelt differenziert einzuschätzen, Entscheidungen zu treffen und willensstark umzusetzen, Frustrationen zu überwinden und Konsequenzen zu tragen.

Hat ein Kind die entsprechenden Fähigkeiten zur Verhaltens-Steuerung erst einmal entwickelt, wird es diese als Jugendlicher auf selbstgewählte Themen und Situationen übertragen können und orientiert durch die Pubertät kommen.

> **Wer mit zwei Hobbys in die Pubertät eingetreten ist, kommt mit mindestens noch einem wieder heraus.**

Das ganze Leben hindurch schützt sinnvolles Tätigsein vor vielen Bedrohungen.

Es gibt noch viel zu tun:
Die Bedingungen verbessern

Vier zeittypische Belastungen der heutigen Erziehung bedürfen dringend pädagogischer und politischer Konsequenzen:

▷ Kinder und Jugendliche erfahren viele grundlegende Zusammenhänge nur noch ‹indirekt›, z. B., daß Geld für bereits geleistete Arbeit steht. Sie bräuchten viel mehr die Sinne ansprechende Erfahrungen, wie sie die Erlebnispädagogik mit vielen motivierenden Ansätzen zu handlungsorientiertem Lernen vermittelt.

▷ Dem allgegenwärtigen ‹Überfluß› und suggerierten Konsumzwang sollte eine intensive Befähigung zu selbstbewußten und sinnvollen Willensentscheidungen entgegengestellt werden, damit eine Lebensqualität in Muße und Kommunikation statt in Hektik und Luxus verwirklicht werden kann.

▷ Medien vermitteln Parolen von ‹illusionär leichten› Lösungen, wie z. B.: «Mit Geld geht alles.» – «Trägst du die Marke, hast du das Image.» – «Mit Alkohol lebt sich's besser.» – «Dein Horoskop weist dir die Zukunft.» Oder: «Die richtigen Edelsteine heilen dein inneres Ich.» Tatsächlich führen aber nur willenskräftige Vernunft, tatkräftiges Engagement und reelle Erfahrungen weiter.

▷ Viele psychosoziale und soziokulturelle ‹Unsicherheiten› beispielsweise durch Trennung der Eltern, die Bindungen gefährdende berufliche Mobilität oder multikulturelle Wohngebiete erfordern eine Familien- und Sozialpolitik, die viel mehr fachlich kompetente Bewältigungshilfe und Maßnahmen bereitstellen müßte.

Mit belastenden Bedingungen zurechtzukommen will gelernt und geübt sein. Es ist eine pädagogische Aufgabe, entsprechende Erfahrungen zuzulassen und vielleicht sogar ‹präventiv› zu vermitteln, die bestehenden Belastungen nach Möglichkeit angemessen zu dosieren und die Lernenden förderlich schützend zu begleiten.

Entwicklungsrisiken

Die Zahlen dokumentieren eine hohe Problembelastung junger Menschen in Deutschland. Etwa 15 Prozent der Kinder und Jugendlichen gelten als psychotherapeutisch behandlungsbedürftig und weitere 25 Prozent als psychosozial auffällig (Remschmidt, Walter, 1990).

Die Mehrzahl der psychosozialen Leiden von Kindern wird nicht durch besonders kritische Einzelereignisse verursacht, sondern resultiert aus dauerhaften Entwicklungsrisiken im Alltag, z. B. durch langjährigen Elternstreit, überzogene Leistungsanforderungen, Arbeitsplatzunsicherheit, kulturelle Spannungen, etc.

Wissenschaftliche Untersuchungen belegen, was jeder Pädagoge bestätigt: Ein einzelnes Risiko erhöht die Wahrscheinlichkeit für Entwicklungsstörungen nur wenig. Ein zweiter Risikofaktor ge-

> **Jede hinzukommende Belastung
> vervielfältigt das bisherige Risiko.**

fährdet die Entwicklung um deutlich mehr als das Doppelte, und jedes weitere Risiko vervielfacht die Wahrscheinlichkeit für Probleme.

Die wichtigsten der bekannten Entwicklungsrisiken für Kinder und Jugendliche sind:
– eine Schädigung vor, während oder nach der Geburt,
– motorischer, seelischer, geistiger oder sozialer Stimulationsmangel in der frühen Kindheit,
– die Geburt eines nur knapp jüngeren Geschwisters,
– geringes Alter bei hochbelastenden Lebensereignissen, z. B. Operationen,
– psychische Krankheit einer Hauptbezugsperson, insbesondere der Mutter,
– andauernde Disharmonie in der Familie mit viel Streit, Abwertungen, und (insbesondere) Gewalt,
– strittige Scheidung der Eltern,
– Tod eines nahen Familienmitglieds,
– Kriminalität eines Elternteils,
– ständige Kontakte der Familie mit kontrollierenden Instanzen, z. B. der Polizei,
– niedriger Sozialstatus der Familie, Armut und gesellschaftliche Ächtung,
– beengter Wohnraum ohne Rückzugsmöglichkeiten,
– mehrere Umzüge mit Abbruch von Beziehungen während der Kindheit,
– eine Schulzeit mit zu hohen Leistungsanforderungen,
– Medienkonsum mit realitätsnah dargestellter Brutalität,
– überzogene Erlebniserwartungen an Alltag und Freizeit, die in dauerhafte Hektik und in Streß stürzen.

Bestimmte erzieherische Verhaltensweisen belasten die Persönlichkeitsentwicklung von Kindern.

▷ Elterliche *Ignoranz* gegenüber kindlichen Bedürfnissen lähmt, verwirrt und blockiert Kinder und läßt sie oberflächlich und selbstbezogen werden.

▷ Fortwährende *Abwertung* nagt an Selbstbewußtsein und Selbstwert und zwingt Kinder, dies mit auffälligem Verhalten auszugleichen.

▷ Kontinuierliche *Unterforderung* nimmt Kindern die Möglichkeit, sich zu erproben, und weckt Illusionen, während kontinuierliche *Überforderung* unter Streß setzt und Versagensängste auslöst.

▷ Andauernde *Unbestimmtheit* läßt weder Chancen noch Grenzen erfahren und bewirkt zugleich provokatives Austesten und eine gleichgültige Haltung.

> Familie Meier ist hoch belastet. Die Mutter ist mit multipler Sklerose auf den Rollstuhl angewiesen und psychisch erschöpft. Die beiden älteren Kinder stammen aus ihrer ersten Ehe. Ihr jetziger Partner und Vater des jüngsten Kindes ist alkoholkrank.
>
> Die ältere vierzehnjährige Tochter hat starkes Übergewicht, wirkt ausnehmend gehemmt und schwänzt immer mal wieder mit verschiedenen Ausreden die Förderschule. Der achtjährige Sohn stiehlt in den umliegenden Läden und aus dem elterlichen Geldbeutel.
>
> Warum aber ist das mittlere Kind relativ beliebt? Wie schafft es ohne elterliche Hilfe die Realschule? Woher nimmt dieses Kind seine Fröhlichkeit und sein Selbstbewußtsein? Welche Persönlichkeit bildet sich da heraus – trotz aller Belastungen und ohne schützende Hilfe?

Die gleichen Risiken belasten verschiedene Menschen *nicht* gleich stark. Angehörige, Nachbarn und Fachleute beobachten immer wieder, daß ein Kind sich zum Erstaunen aller positiv entwickelt, obgleich sein Umfeld voller Risiken steckt und die Eltern und Geschwister schwere Probleme haben.

Das wirft eine der interessantesten Fragen der Pädagogik auf: Welche erzieherisch vermittelbaren Eigenarten und Bedingungen helfen Menschen, besser mit Krisen und Belastungen zurechtzukommen?

Schützende Entwicklungsbedingungen

Wir kennen bereits einige schützende Entwicklungsbedingungen, die in der alltäglichen Erziehungsarbeit berücksichtigt werden sollten.

▷ Konnten die psychosozialen Entwicklungsphasen ausgiebig durchlebt und die entsprechenden Fähigkeiten zur Selbst-Steuerung entwickelt werden, ist die Persönlichkeit ‹belastbarer›. Ein positiver Erziehungsstil trägt wesentlich dazu bei.

Die «Bielefelder Längsschnittstudie» erbrachte interessante Hinweise darauf, welche Persönlichkeitsmerkmale stabilisieren (nach Kolip, 1993):
1987 benannten Erzieher und Erzieherinnen aus 60 Einrichtungen der Jugendhilfe im Verhalten sozial weniger auffällige und sozial sehr auffällige Jugendliche. Von diesen beteiligten sich 66 weniger und 80 deutlich «Verhaltensauffällige» aus 27 Heimen an der weiteren Studie.
1988 wurden dann in einer ersten Untersuchung kritische Lebensereignisse und chronische Belastungen, Erlebens- und Verhaltensstörungen sowie personale und soziale Schutzfaktoren erfragt. Die Zweituntersuchung 1990 ergab, daß die *weniger auffälligen* Jugendlichen:
ihre Umwelt sehr wachsam beobachteten und erlebten, an ihre eigene Verantwortung glaubten, auf übergreifende Ordnungsprinzipien vertrauten und ihre Probleme aktiver lösten;
– bei Erwachsenen positive Reaktionen auslösen konnten;
– Hilfestellung annehmen konnten;
– ein positives Selbstbild hatten;
– sich sozial positiver orientierten;
– im Spiel weniger geschlechtsspezifisches Verhalten zeigten und
  daß die weniger auffälligen Mädchen dominanter, intelligenter und
  selbstbewußter wirkten als die Verhaltensauffälligen.

▷ Frühere Erfahrungen, Krisen bewältigen zu können, relativieren zukünftige Krisensituationen. Berater und Therapeuten sollten deshalb zunächst die bisherigen Lösungswege ihrer Klienten unterstützen, statt gleich langwierige Aufarbeitungen einzuleiten. Gut bewältigte Krisenerfahrungen bewirken eine Stärkung des Selbstwertgefühls durch das Überstehen der Krise, bestätigen die Erfahrung, verbessern die Kompetenz, sich helfen zu lassen, und stärken die Fähigkeiten zur Selbst-Steuerung in Streßsituationen.

▷ Gute Zeiten, die sich an belastete Entwicklungsphasen anschließen, können diese weitgehend ausgleichen. Offenbar spielt der Faktor ‹Zeit› eine Rolle, so daß über manche Probleme «Gras wächst». Frühzeitig erkannte Bewegungsdefizite beispielsweise können meist noch während der Kindheit durch spezielle unterstützende Maßnahmen, z. B. psychomotorische Übungsbehandlungen oder Ergotherapie, ausgeglichen werden. Die Nachentwicklung mangelhafter Fähigkeiten zur Verhaltens-Steuerung hingegen erfordert weit höheren Aufwand und stößt an Grenzen, sobald zuviel Grundlage fehlt. Hier gilt: «Was Hänschen nicht lernt, lernt Hans nimmermehr.»

▷ Hilfen von vertrauten Bezugspersonen oder institutionelle Unterstützung erleichtern das gesamte Leben. Hilfe anzunehmen, also tatsächlich auf intakte persönliche Beziehungen zurückzugreifen und öffentliche Unterstützungsnetze zu nutzen, sollte von klein auf gefördert werden. Dann lassen sich Schulkinder später durchaus von Freunden helfen. Pubertäre Jugendliche finden dann z. B. in der Volleyballtrainerin eine Vertrauensperson, der sie ihr Leid mit den Eltern klagen. Ehepartner sollten sich bei Beziehungskrisen durchaus für einige Tage zu Bekannten flüchten können und später eine Eheberatung aufsuchen. Kranken Alleinerziehenden hilft die Versorgung ihrer Kinder durch die Nachbarn, bis eine Tagesmutter gefunden ist.

Entwicklungsrisiken, die politische Lösungen fordern

Einige der Entwicklungsrisiken sind langfristig nur *politisch* zu mindern. Die Ergebnisse der Shell-Studie «Jugend '97» beispielsweise belegen, daß Jugendliche sich weniger durch psychosoziale Probleme verunsichert fühlen als durch gesellschaftspolitische, insbesondere die ihnen drohende Arbeitslosigkeit.

▷ Die Tatsache, daß eine Familie mit Kindern bereits ein Armutsrisiko darstellt, charakterisiert unsere Familienpolitik. Die immer wieder neu ermittelten Daten der Wohlfahrtsverbände über Armut in Deutschland sind erschreckend. Wir lassen zu, daß etwa 10 Prozent aller Kinder in Deutschland über mehrere Jahre hinweg als Sozialhilfeempfänger aufwachsen und dementsprechende Haltungen entwickeln. Geben die Mütter ihre Berufstätigkeit auf, fehlt der Familie das zweite Erwerbseinkommen und gleicht das Kindergeld nicht einmal den Steueranteil der kindbezogenen Ausgaben aus. «Man muß kein Extremist sein ...», titelte der Sozialrechtler Jürgen Borchert 1992, und ich ergänze: «... um einen anderen Familienlastenausgleich zu fordern.»

▷ Alle Menschen brauchen Raum zur Entfaltung ihrer Talente und Interessen. Unsere hochtechnisierte Informationsgesellschaft verlangt von jedem weit mehr Persönlichkeitsbildung, als die früheren, direkteren Gesellschaftsformen es erforderten.

Sollen Kinder Selbständigkeit, Einfühlungsvermögen und Aufmerksamkeit lernen, brauchen sie die dafür förderlichen Anregungen und Gelegenheiten. Manchmal finden sie diese in der Gruppe, aber sie brauchen auch ausreichend eigenen Platz, um ungestört sein zu können. Beim Lärm jüngerer Geschwister am Küchentisch einer beengten Sozialwohnung die Hausaufgaben machen zu müssen überfordert das normale Konzentrationsvermögen von Grundschulkindern (wenn sie unter diesen Bedingungen überhaupt ein normales Konzentrationsvermögen entwickeln konnten).

▷ Berufsbedingte Mobilität ist angesichts der derzeitigen Arbeitsmarktsituation fast selbstverständlich geworden. Für die Wirtschaft mag dies zuträglich sein, für die betroffenen Kinder sind häufige Umzüge schädlich.

Kinder sollten sich auf mehrere vertraute Personen beziehen können: beide Eltern, die Großeltern, Onkel und Tanten, Freunde der Familie und verläßliche Nachbarn. In durch zu hohe Mobilität verstreuten Klein- oder Restfamilien verlieren Kinder ihren notwendigen Rückhalt. Nach mehreren Umzügen gehen viele keine neuen Freundschaften oder feste Bindungen mehr ein und vereinsamen.

▷ Die Zukunft wird noch mehr kulturelle Vielfalt ermöglichen und gleichzeitig die soziokulturelle Orientierung und Eingliederung erfordern. Die Integrationsfunktion von Kindergärten und Schulen dürfte in diesem Zusammenhang weiter zunehmen. Die alltäglichen Herausforderungen von «Multikulti» anzunehmen kommt insbesondere den Erzieherinnen in den Kindertagesstätten zu: Sie vermitteln mit jahreszeitlichen Festen hiesige Kultur. Sie bringen Kindern unterschiedlicher Herkunft gleichen Respekt voreinander bei. Sie üben unermüdlich immer wieder soziales Grundverhalten ein und vermitteln Kindern die Fähigkeiten, kooperativ zu spielen und sich aufs Lernen einzulassen. Sie motivieren die Kinder ausländischer Familien, Deutsch zu lernen, und schaffen damit die Basis jeder soziokulturellen Integration.

▷ Eine förderliche Schulzeit mit Bestätigung, Ermutigung und positiven Beziehungen kann in beachtlichem Maße gegenteilige Einflüsse (des Elternhauses) ausgleichen. Die Schule sollte deshalb viel bewußter eine eigenständige Lebenswelt für die Persönlichkeitsbildung junger Menschen bieten wollen. Die Motivierung, Kanalisierung von Energien und Ausformung individueller Begabungen, die Ausbildung von Arbeits- und Sozialverhalten, die Gewöhnung an Kooperation, Teamgeist und Annahme von Hilfe, die Entwicklung von Eigensinn, Frustrationstoleranz, Flexibilität, Neugier und Kreativität sollten zentrale Lernziele sein, gerade wenn diese im Elternhaus nicht konsequent verfolgt werden, beispielsweise durch die Betreuung behinderter Mitmenschen oder Mitschüler.

▷ Sozialpädagogische Ziele werden zwar eingesehen, aber selten umgesetzt. Es mangelt am Austausch zwischen Eltern, Lehrern und politisch Verantwortlichen vor Ort. Und viele Lehrer, besonders an weiterführenden Schulen, fühlen sich hauptsächlich als Wissensvermittler denn als Pädagogen.

Der «Großbetrieb Schule» wird von einer fernen Kultusbürokratie gesteuert, und eine aktive Schulentwicklung findet kaum statt.

Für Lehrkräfte ist Supervision noch immer nicht selbstverständlich, und kollegiale Kooperation, beispielsweise um konsequenter zu werden, ist weiterhin unüblich.

▷ Nicht nur Fachleute kritisieren das Ausmaß des Fernsehens. Reizüberflutung, spannungsgeladene Action und ungefilterte, realitätsnahe Brutalität schädigen die kindliche Phantasie und schränken die Wahrnehmung ein. Doch selbst wenn man von den Inhalten der Sendungen absieht, ist allein die Menge der durchschnittlichen Fernsehzeit bedenklich: Denn täglich etwa drei Stunden Fernsehkonsum bedeuten nahezu die Hälfte einer Arbeitswoche vor dem Gerät und jährlich 1000 Stunden *weniger* Lebenserfahrung. Schüler verbringen heute durchschnittlich genausoviel Zeit vor der Flimmerkiste wie in der Schule! Passiver Medienkonsum, auch in Form von Spielekonsolen, PC-Spielen, Video oder CD-ROM, geschieht *ohne* aktive Aufmerksamkeit, *ohne* selbstkoordinierte Wahrnehmung, *ohne* intuitives Einlassen, *ohne* absichtliche Selbst-Steuerung, *ohne* überlegtes und willentliches Handeln, *ohne* sinnvolle Persönlichkeitsbildung.

Kinderärzte beklagen, daß bei Vielsehern die Motorik ungeschickter sei und Haltungsschäden auftreten würden. Erzieherinnen stellen fest, daß Fernsehkinder deutlich weniger ausdauernd mit anderen Kindern kooperieren, sich weniger kreativ beschäftigen und aggressiver sind. Lehrer berichten von Konzentrations- und Lernschwächen sowie zusätzlichen Verhaltensproblemen nach Fernsehwochenenden. Und ich stelle bei vielen fernsehenden Kindern Interessenarmut und mangelhafte Fähigkeiten zur Verhaltens-Steuerung fest.

▷ Junge Menschen brauchen ‹Gestaltungsräume› und ihren Fähigkeiten gemäße Chancen. Tatsächlich aber gibt es jedes Jahr weniger oder andere Lehrstellen und Studienplätze als Bewerber. Da ist es zynisch, wenn verantwortliche Politiker betonen, daß «alle leistungsfähigen» jungen Menschen Ausbildungsplätze finden könnten. Um ein Vielfaches schwerer haben es benachteiligte Jugendliche: Ihre Chancen auf einen angemessenen Platz in der Arbeitswelt und wirtschaftliche Unabhängigkeit in einer Gesellschaft, die sich als christlich, fortschrittlich und wohlhabend empfindet, sind deutlich eingeschränkt.

> **Risiken mindern und die Persönlichkeit stärken –**
> **pädagogisch und politisch.**

5. SCHWIERIGE ENTWICKLUNGSLINIEN

Bestreitet eine Familie, Schwierigkeiten zu haben, ist sie vermutlich darin geübt, Probleme zu übersehen. Denn ein Familienleben ganz ohne Probleme ist höchst unwahrscheinlich.

Die allermeisten Erziehungsprobleme werden in den Familien selbständig bewältigt. Allerdings ist das Motto «Irgendwann muß es sich doch von selbst zurechtrücken» bei langfristigen Schwierigkeiten meist falsch. Denn Lösungen, die sich bei den Geschwistern oder in ähnlichen Situationen bewährten, können im aktuellen Einzelfall durchaus unangemessen oder unwirksam sein.

Überdauernde Probleme fußen häufig auf zurückliegenden, unbewältigten Entwicklungsaufgaben und ziehen sich von da an als charakteristische Entwicklungslinie durch die Biographie. Wie und welche Konsequenzen jeweils angemessen zur Bewältigung der entsprechenden Entwicklungsaufgaben hätten beitragen können, wurde bereits in den vorhergehenden Kapiteln erläutert. Die Beispiele in diesem Kapitel zeigen nun einige charakteristisch erschwerte Entwicklungslinien.

Erst unaufmerksam, später unkonzentriert

Unaufmerksam ist man oft. Vielleicht fehlt wirkliches Interesse, oder man ist müde. Vielleicht geht einem anderes durch den Sinn, und man ist unkonzentriert. Aber was ist, wenn man motiviert und wach ist, aber dennoch nicht bei der Sache bleiben *kann*?

Kinder reagieren nicht automatisch aufmerksam. Babys wenden ihren schweren Kopf aktiv einer Reizquelle dann zu, wenn sie sich dabei wohl fühlen, wenn ihre Sinne angenehm angesprochen werden, wenn motorische Reaktionen reizvoll sind. Neugierig Zusammenhänge wahrzunehmen und lustvoll die Bedürfnisse zu befriedigen erfordert bereits die Koordination verschiedener Teilaufmerksamkeiten.

Und um sich später mit Vorbildern *identifizieren* und *einfühlsam einlassen* zu können, müssen Kinder lernen, ihre Aufmerksamkeit ausdauernd aufrechtzuerhalten.

Erst im Einschulungsalter werden Kinder wirklich fähig, nicht nur impulsiv und fasziniert aufzumerken, sondern absichtsvoll aufzupassen und sich interessiert und sachgemäß zu steuern. Auf dieser Basis gewinnen sie dann, wenn sie dazu angehalten und motiviert werden, die *Fähigkeit zu willentlicher Konzentration*. Das dadurch mögliche Handlungsvermögen belohnt diese Entwicklung. Jugendliche schließlich wählen selbst, ob und wofür sie ihre Konzentrationsfähigkeit einsetzen.

Sich zu konzentrieren bedeutet, die Aufmerksamkeit *willentlich* auf nur einen Bereich unter vielen anderen zu richten. Aufmerksamkeit darf ruhig mal abschweifen, aber sie muß später wieder auf das Thema zurückgeführt werden können. Beispielsweise wissen konzentrierte Menschen immer, was um sie herum sonst noch geschieht – nur die Unkonzentrierten verlieren sich im Drumherum.

> **Konzentration hilft, Wichtiges willentlich in den Vordergrund zu ziehen und Unwichtiges in den Hintergrund zu drängen.**

Kinder im Einschulungsalter sollten sich mit kurzen Pausen etwa fünfzehn Minuten *willentlich* konzentrieren können. Beim Wechsel in die weiterführende Schule sollten sie die Konzentrationsfähigkeit schon etwa dreißig Minuten aufrechterhalten können.

Konzentrations*fähigkeit* bedeutet, die Aufmerksamkeit koordiniert, ausdauernd und willentlich auf Ziele ausrichten zu *können*. Sie gründet in Motivation, in beständiger Übung der Aufmerksamkeitslenkung und in Erfolgen mit konsequenter Selbst-Steuerung. Konzentration geht über impulsive Faszination hinaus, indem sie eine Willensleistung ist. Faszination kann nur kurzfristig über Konzentrationslücken hinwegtäuschen. Das ist beispielsweise zu bemerken, wenn konzentrationsschwache Kinder auf den Bildschirm starren.

Bezogen auf schulisches Konzentrationstraining, wird das so beschrieben: «Beim impulsiven Arbeitsstil werden Instruktionen so gut wie überhaupt nicht beachtet. Die Bearbeitung der gestellten Aufgaben erfolgt planlos (ohne Strategien), fahrig und oberflächlich, zu schnell und ohne genaues Hinsehen. Im Gegensatz dazu werden beim reflexiven Arbeitsstil die Aufgaben systematisch (Überprüfung aller möglichen Lösungsansätze) überlegt und ohne inneren Zeitdruck durch genaues Hinsehen gelöst» (Krowatschek, 1995).

Natürlich kann die willentliche Konzentration durch besondere Ereignisse oder Prozesse gestört werden, beispielsweise durch die Sorge eines Kindes um die strittige Beziehung seiner Eltern.

Sind aber die grundlegenden Fähigkeiten zu ausdauernder Aufmerksamkeit und zu willentlicher Selbst-Steuerung nur mangelhaft ausgebildet, beispielsweise bei einem ständig unterforderten Fernsehkind, müssen diese Fähigkeiten erst mühsam nachgelernt werden, bevor der Mensch zu willentlicher Konzentration fähig wird.

Ein unaufmerksames oder konzentrationsschwaches Kind erkennt sein Problem selbst, sobald es sich mit anderen Kindern vergleicht, spätestens also in der Schule. Es wird verständlicherweise versuchen, sein Defizit zu kompensieren, indem es faszinierende Impulse bevorzugen und Stimulationen suchen wird. Vielleicht wird das aufmerksamkeitsschwache Kind unbewußt aufdrehen und in die Rolle des Klassenclowns schlüpfen, um seine Konzentrationsschwäche zu verbergen. Und es wird seine Bedürfnisse nach Geltung und Bewegung da befriedigen, wo es ihm ohne mühsame Konzentration gelingt. Greifen die Bezugspersonen nicht steuernd ein, nimmt sich das schwierige Kind so die Möglichkeiten, seine Konzentrationsfähigkeit doch noch zu trainieren, und verschärft damit sein Defizit. Schließlich stehen die Verhaltensweisen, die ursprünglich über die fehlende Konzentrationsfähigkeit hinwegtäuschen sollten, so im Vordergrund, daß das Kind als ‹konzentrationsschwach und verhaltensgestört› diagnostiziert wird.

Aus diesem Teufelskreis führt nur intensives Nachlernen heraus. Das Nachlernen von Aufmerksamkeit und willentlicher Konzentration erfordert motivierende Hilfestellungen, konsequente Anforderungen, angemessene Zwischenerfolge und immense Ausdauer. Manchmal gelingt Jugendlichen das Nachlernen über die Begeisterung für ein Hobby. Wahrscheinlicher ist, daß junge Erwachsene, z. B. im zweiten Bildungsweg, die willentliche Konzentration systematisch nachtrainieren – ein anstrengender Weg, der viel Selbstdisziplin erfordert.

Viel einfacher und erfolgversprechender aber ist das schon besprochene frühzeitige ‹Aufmerksamkeitstraining Alltag›, bei dem das Kind konsequent die angemessenen Folgen seiner Unaufmerksamkeit tragen muß.

Von klein auf ungeschickt und fahrig

Das menschliche Gehirn braucht viel Übung, um Koordinationsfähigkeit herauszubilden. Beim Saugreflex ist die Koordination der vielen Muskeln als Reflexmuster angeboren. Doch wenn ein Kleinkind sich die Treppenstufe hinaufzieht, muß sein Gehirn mehrere Abläufe miteinander verschalten, ohne daß dies angeboren ist: mit den Armen auf eine glatte Stufe hinaufgreifen, dann, daran abgestützt, den Po auf die Fersen wuchten und den Rumpf hochdrücken. So werden Blick, Tasten, Gleichgewichtsgefühl, Bewegungen und Emotionen *sensomotorisch koordiniert*. Frühe Bewegungsanregungen und Koordinationsübungen, z. B. im «Mutter-Kind-Turnen», sind unbedingt zu empfehlen, zumal frühe Bewegungsaktivität auch die Intelligenz trainiert.

Anregungs- und Bewegungsmangel erschweren die Ausbildung und Differenzierung der frühen Koordinationsfähigkeit. Wird einem Kleinkind immer wieder verwehrt, auf Stühle oder ein Sofa zu klettern, gewinnt es nicht die Bewegungssicherheit, die es bald für die Rutsche auf dem Spielplatz braucht. Werden ihm nicht immer wieder Wörter und Sätze deutlich vorgesprochen, bleibt seine Artikulation undeutlich und verringert sich in der Folge die Verständigung mit anderen Kindern. Werden die Finger nicht mit Bauklötzen, Legos, Malstiften, später dann mit Messer und Gabel, Auffädelarbeiten, Stickereien und Ausschneidebögen geübt, fehlt später die feinmotorische Geschicklichkeit, z. B. um ein Musikinstrument zu spielen. Gelingt einem Kind trotz seines Bemühens alles etwas weniger gut als anderen Kindern, fühlt es sich wahrscheinlich unfähig und reagiert häufiger gehemmt oder aggressiv. Kinder, die viel vor dem Fernseher sitzen, werden bewegungsfaul und entwickeln eine schlechte Körperhaltung. Werden sie deshalb von Spielkameraden gehänselt, ziehen sie sich wahrscheinlich enttäuscht zurück oder drehen zum Ausgleich mit protzigen Faxen auf.

Motorische Geschicklichkeit
erleichtert die seelische, geistige und soziale Entwicklung.

Motorische Ungeschicklichkeit sollte möglichst frühzeitig dem Kinderarzt berichtet werden. Meist hilft mehr Bewegung oder gezielt angewandte psychomotorische Übungsbehandlung (Frostig, 1979; Kiphard, 1983). Ältere Kinder holen Defizite in Kampfsportarten wie Judo oder beim Voltigieren manchmal wieder auf und üben mit diesen Sportarten Körperdisziplin und Koordination spielerisch ein. Doch kann man das nicht grundsätzlich erwarten.

An der zur Zeit in Schulen populären Kinesiologie sind die grundlegenden Annahmen über das Zusammenspiel der Hirnhälften überzeugend. Doch es gibt schon lange bewährte und differenziertere Anregungen für die praktische Bewegungserziehung und die therapeutische Lösung von muskulären Verspannungen im Unterricht bzw. der Schulpause.

Immerhin bringt die kinesiologische Methode motorische Abwechslung, frische Luft, Singen und soziale Auflockerung in die Klassenzimmer. Daran hätte es aus pädagogischer Einsicht allerdings auch ohne «braingym» nie fehlen dürfen.

Impulsiv und oberflächlich geblieben

Wer wollte sich nicht seine kindliche Begeisterungsfähigkeit bewahren? Allerdings nicht wie ein Strohfeuer hin und wieder kurz auflodernd, sondern einfühlsam anhaltend und vertiefend. Die Wurzeln dafür liegen in der Kindheit.

Kindergartenkinder *machen gern mit* oder *spielen später nach*, was sie beobachten. Sieht das Kind zu, wie die Mutter z. B. die Hauskatze füttert, hilft es prompt begeistert mit. Kann es seine Beobachtungen gerade nicht in der Realität nachahmen, wird es das Erlebte vermutlich *nachspielen*, d. h. die Stoffkatze füttern und sich dabei so fühlen, *als ob* es ein reales Tier füttern würde.

In dieser Phase entwickeln Kinder die Fähigkeiten, sich *intuitiv einzulassen*. Ihre Aufmerksamkeit gilt nicht mehr hauptsächlich der eigenen Koordination, sondern wird zunehmend auf die äußere Umwelt bezogen. Spiele, Identifikationen, Rollenspiele und Mitmachen kultivieren impulsives Ausleben gemäß den äußeren Anlässen und persönlichen Möglichkeiten. Mißstimmungen spüren Kinder oft intuitiv, bevor die Eltern merken, «daß etwas im Busch ist», und reagieren verwirrt, ängstlich, aufgedreht oder lassen sich vom Weinen eines anderen Kindes anstecken.

In dieser Entwicklungsphase sind Kinder voll und ganz erfüllt von dem, was sie gerade mitbekommen und was sie gerade tun. Sie lernen in dieser Totalität von Erleben und Tun allmählich, sich in andere Menschen hineinzuversetzen, andere zu verstehen, sich wirklich zu beziehen: «Wenn du mitspielst, willst du doch bestimmt auch mal den Ball kriegen, oder?!»

Nun ist es nicht mehr weit zur Kooperation: «Ich schieß dir 'ne Vorlage, und du kannst sie ins Tor kicken!»

Lassen sich Kinder freudig auf äußere Bedingungen und Möglichkeiten ein, differenzieren sich ihre inneren Muster, verfeinern sich ihre Motive, erschließen sich ihnen in der Tiefe verborgene Anteile. Kinder bilden dann die Fähigkeiten aus, nachzusinnen und «die Seele baumeln zu lassen». Die Kindergärten tragen zu diesem Prozeß viel bei, indem sie immer wieder Anlässe zum Einlassen und zum Vertiefen schaffen, dazu ermuntern und entsprechendes Verhalten bestärken. Man kann dies beispielsweise beim Gestalten mit Knetmasse beobachten: Kinder versuchen zuerst ihre bildlichen Vorstellungen direkt umzusetzen, bevor sie feststellen, daß sie die Eigenschaften des Materials berücksichtigen müssen, Hilfestellung der Erzieherinnen erhalten und zu modellieren beginnen. Schließlich kommt ihnen für ihr Bemühen unbedingte Anerkennung zu. Kinder, die so lernen, sich *intuitiv einzulassen* und zu *vertiefen*, entwickeln aus der Spannung zwischen ihrem subjektiven Wollen und den objektiven Möglichkeiten eine Kreativität, in der sie sich selbst ausdrücken: «Kreativität ist ein Prozeß, in dem sich das ureigenste Wesen des Kindes durch die Produkte seiner Phantasie offenbart. Diese anschauliche Darstellung des Ich, das Produkt also, kann fast jede Form annehmen» (Bean, 1994).

Mißlingt die Umorientierung von der Bedürfnisbefriedigung auf das intuitive Einlassen, bleiben die Kinder von ihren spontanen Impulsen beherrscht. Entweder sie ziehen sich dann auf kleinkindliches Gehabe zurück, oder sie springen von einer faszinierenden Stimulation zur nächsten. In beiden Fällen erscheint ihr Verhalten impulsiv und oberflächlich, beziehungsarm und unverbindlich. Die Kinder verlieren dadurch den Anschluß zu Gleichaltrigen, die von der einlassenden Intuition zur vorsätzlichen Selbst-Steuerung vorankommen und dann bald darauf aufbauend vernünftige Willenskraft ausbilden. So bleibt ihnen schon bald keine andere Ausdrucksmöglichkeit, als sich provokativ mit ihrer Impulsivität und Oberflächlichkeit zu identifizieren, um ihre Defizite oberflächlich zu verschleiern. Ihr Bemühen, ihren Impulsen Geltung zu verschaffen, wirkt verhaltensgestört. Ihre Vermeidung drohender Mißerfolge aufgrund der fehlenden Vertiefung wirkt eher unmotiviert und fahrig.

**Ohne sich freudig einzulassen,
bleibt es bei oberflächlichen Impulsen.**

Werden die Fähigkeiten, sich intuitiv einzulassen und zu vertiefen, später nicht mühsam nachentwickelt, brauchen die betroffenen Menschen viel Glück, um eine gesellschaftlich tolerierte Nische für ihre Impulsivität und Oberflächlichkeit zu finden.

In besonderer Weise aktiv:
Hyperaktive Kinder

Im Verhältnis zu Erwachsenen sind die meisten Kinder viel aktiver. Statistisch gesehen wären, wenn die mittleren 66 Prozent einer Altersgruppe als durchschnittlich definiert werden, jeweils 17 Prozent der Altersgruppe überaktiv und 17 Prozent unteraktiv.

Allen Warnungen vor vorschnellen Diagnosen zum Trotz gelten aber zwischen fünf und fünfzehn Prozent aller Kinder, meist Jungen, in typischer Weise als ‹hyperaktiv›.

Dafür kennzeichnend sind Auffälligkeiten spätestens seit dem Grundschulalter: kurze Aufmerksamkeitsspannen und hohe Ablenkbarkeit, schnelle und intensive Stimmungswechsel, stimulationssuchendes und häufig aggressives Sozialverhalten, andauernde motorische und geistige Unruhe, leichte bis mittlere motorische Koordinationsschwächen sowie Leistungsschwächen trotz durchschnittlicher Begabungen. Die Angehörigen leiden sehr unter dem übermäßigen Temperament und den körperlichen, seelischen, geistigen und sozialen Steuerungsschwächen des Kindes.

Darüber hinaus sind in der Regel deutliche Entwicklungsprobleme (z. B. Einnässen) oder spezielle Teilleistungsschwächen (z. B. Lese-Rechtschreib-Schwäche) festzustellen. Die Problematik tritt unabhängig von der Geschwisterposition auf. Die Diagnose der Kinder- und Jugendpsychiatrie bei dieser Symptomatik lautet wahrscheinlich: «Aufmerksamkeits-Defizit mit Hyperaktivitäts-Störung» (ADH).

Egal was Florian auch anpackte, erinnern sich die Eltern, mißlang oder verlief chaotisch.

Florian war als Säugling auffällig «pflegeleicht». Als Kleinkind erschien er seinen Eltern erfreulich aufgeweckt, neugierig, fröhlich und aktiv. Doch seit der Kindergartenzeit wirkt der Junge aufgedreht, oftmals überdreht, unbändig und ungesteuert. Konzentration und Stillsitzen scheinen ihm völlig unmöglich, es sei denn, er konzentriert sich kurzfristig auf einen faszinierenden Fernsehfilm. Beim Schreiben rutscht ihm der Stift krakelig über die Linien hinaus, und die Beine unter dem Tisch bleiben ständig in Bewegung.

Das Fahrradfahren klappt inzwischen – allerdings stand das so heiß gewünschte Fahrrad fast zwei Jahre lang in der Garage, bis die Koordination zum Fahren ausreichten. Jetzt tut sich Florian gerade beim Schwimmenlernen schwer, die Atmung mit den Armzügen und mit den Beinstößen abzustimmen.

Vermutlich war schon das Kleinkind zwar viel in Bewegung, aber dennoch ungeschickt. Wahrscheinlich haperte es schon im Kindergarten beim feinmotorischen Malen und Ausschneiden, grobmotorischen Werfen und Fangen, Einstimmen und Einlassen, Nach- und Mitmachen.

Vermutlich beurteilten die Eltern ihr Kind als «Spätentwickler», der die Entwicklungsschritte in Schüben nachholte. Und vielleicht rätselten sie häufig, warum ihr Kind etliche Bewegungsmuster, soziale Abläufe und Zusammenhänge einfach nicht ohne Tumult «auf die Reihe brachte» .

Selbstverständlich belasten derart prägnant erlebte Auffälligkeiten jedes Familienleben (Kilian, 1989). Ebenso plausibel ist, daß familiäre Probleme den Umgang mit derart auffälligen Kindern nicht gerade erleichtern.

Die Wissenschaft hat die Ursachen und Folgezusammenhänge der Hyperaktivität noch nicht ausreichend erforscht und verfolgt verschiedene Hypothesen. Sicher resultiert eine Hyperaktivität *nicht nur* aus einem Zusammentreffen von Koordinationsschwäche und einem besonders impulsiven Temperament. Vielleicht bewirken sogar verschiedene Ursachenkomplexe ähnliche Erscheinungsbilder.

In den Entwicklungsgeschichten sogenannter Hyperaktiver finden sich überdurchschnittlich häufig hohe körperliche Belastungen während der Geburt oder Kleinkindentwicklung. Im amerikanischen National Institute of Mental Health wurden erst kürzlich Stoffwechselstörungen in den Gehirnen betroffener junger Erwachsener nachgewiesen. Auch Umweltallergien werden als Ursache für Hyperaktivität diskutiert – besonders gegen Nahrungsmittel oder Zusatzstoffe. Selbst Interaktionsstörungen zwischen den Bezugspersonen und dem Kind könnten Auslöser sein.

Fällt das Stichwort «Hyperaktivität», ist Zurückhaltung geboten und neben der medizinischen eine ausführliche psychosoziale Diagnostik anzuraten.

Hyperaktivität ist keine rein pädagogische Problematik.

Manche Kinder reagieren auf familiäre Konflikte übermäßig aktiv. Andere sind schlicht ‹un-erzogen› und leben den Mangel an ausreichender Fähigkeit zur Selbst-Steuerung in höchster Unruhe und Selbststimulierungen aus. Es scheint jedoch auch spezielle körperliche Ursachen für hyperaktives Verhalten und dadurch überforderte Fähigkeiten zur Verhaltens-Steuerung zu geben.

Hyperaktive Kinder sind anders aktiv als Kinder, die von Problemen umgetrieben werden. Sie können sich beispielsweise nicht austoben, sondern toben sich regelrecht ein. Sie tun, was sie tun, mit viel mehr Energie und demgemäß weniger Ausdauer.

Hyperaktive Menschen bevorzugen faszinierende externe Stimulationen und meiden das Einlassen. Neue Reize überschwemmen ihre Vorsätze. Sie registrieren Reize und Einflüsse aufmerksam, schaffen es aber kaum, sich willentlich zu konzentrieren und ihre Kräfte zu bündeln.

Es scheint, daß hyperaktive Menschen ihre Bewegungen, die Gefühle, den Geist *und* ihr Sozialverhalten willentlich *weniger lenken* können als andere, so daß sie selbst in Verwirrung geraten und noch

mehr Verwirrungen stiften, so lange, bis ihnen von überallher Ge-
und Verbote, Enttäuschungen und Verärgerungen entgegenschlagen.

Ich empfehle für den erzieherischen Alltag:

▷ Möglichst viel äußere Ruhe und inneren Halt mit klaren Abläufen,
Strukturen, Regeln und Geltung des gesprochenen Wortes bieten
(vgl. z. B. Neuhaus, 1996).

▷ Mit konsequentem Erziehungsverhalten angemessene Erfahrungen
erwirken und körperliche, seelische, geistige und soziale Selbst-
Steuerung anfordern.

▷ Die Fähigkeiten zur Selbst-Steuerung in reellen Tätigkeiten, z. B.
Ausschneiden, Sammeln, Mountain-Biking, Theaterspielen und in
gezielten «Übungsbehandlungen» (z. B. nach dem Programm von
Lauth und Schlottke, 1995) anfordern, trainieren und fördern.

▷ Bis zur Pubertät sollten Eltern alle hilfreichen Angebote intensiv
nutzen, z. B. Erziehungsberatung und Elternkurse, soziale Grup-
penarbeit der Jugendhilfe und Trainingskurse von niedergelasse-
nen Pädagogen (vgl. Petermann & Petermann, 1988) sowie die bereits erwähnten psychomotorischen Übungsbehandlungen und Ergotherapie.

▷ Eltern, Pädagogen und sonstige miterziehende Personen sollten
sich häufig absprechen, um am gleichen Strang zu ziehen und gemeinsam durchzuhalten (vgl. Anregung und Hilfe auf Seite 156).

Es scheint, daß die körperlichen Entwicklungen während der Pubertät das Auftreten und die Erscheinung der Hyperaktivität verändern.
Förderlicher, als auf diese Veränderungen zu hoffen, ist aber, wenn
sogenannte hyperaktive Kinder bis zur Pubertät (und darüber hinaus)
in die üblichen Abläufe eingebunden bleiben, also Regelschulen be-
suchen, sozial nicht stigmatisiert werden, Interessen zu Hobbys aus-
bauen und zur Bewältigung der jeweiligen Entwicklungsaufgabe ge-
führt werden. Dann können sie als junge Erwachsene Tätigkeitsfelder
finden, die ihrem Temperament und ihrem Wesen entgegenkommen.

Ohne steuernde Worte
haltlos untergegangen

Störversuche sind Kinderrecht. Doch wie lange Eltern sich auf der Nase herumtanzen lassen, ist deren Willensentscheidung.

«Nein, nein, nein, du sollst nicht telefonieren!» Jennifer schreit und weint und stampft und zerrt an der Telefonstrippe. Die Mutter hält sich das freie Ohr zu, wendet sich mit dem Telefon von Jennifer ab und entschuldigt sich in den Hörer, daß sie im Moment leider gar nichts verstehen könne.

Warum eigentlich sollte Jennifer ihr Störverhalten unterlassen, bevor ihre Mutter eine bezugnehmende Reaktion zeigt? Sie findet es spannend, die sonst so mächtige Mutter von einer Handlung abhalten zu können. Jennifer wird dieses Spiel weitertreiben, bis ihre Mutter das Telefonat schließlich unterbricht und mit ihr schimpft. Tränen und Streit sind sozusagen die Kosten für dieses ‹Machtspiel›.

Warum werden manche Kinder derart tyrannisch? Warum lassen sich manche Eltern dermaßen nerven?

Die meisten von ihnen verwechseln Geduld mit Laufenlassen. Manche sind unsicher, und es fehlt ihnen selbst die nötige Klarheit, eine Entscheidung zu treffen. Andere vielleicht, weil sie sich dem Gequengel gewachsen zeigen wollen. Alle hegen Hoffnung, daß ihr Kind doch irgendwann einmal von allein einsichtig werden müßte.

Die jugendliche Jennifer wird schließlich begreifen, daß sie stört, sobald sie am Telefon selbst nicht mehr gestört werden will. Bis dahin wird sie sich allerdings angewöhnt haben, anderen – wann immer es ihr paßt – ins Wort zu fallen. Sie hat zugewandtes Zuhören und Abwarten nicht gelernt, und man wird sie für ihr unmögliches Verhalten oft kritisieren. Gibt Jennifers Mutter ihr inkonsequentes Verhalten nicht auf, wird sie ihr bis in die Pubertät hinein keinen Halt geben können.

Zwischen dem sechsten und siebten Geburtstag wechseln die Kinder vom spielorientierten Kindergarten zur sachorientierten Schule. Bisher ließen sie sich weitgehend intuitiv auf Situationen ein und erklärten sich die Zusammenhänge magisch und noch nicht realistisch. «Wenn ich krank bin, dann gibt es Griesbrei, und das Fieber geht weg.» Im Schulalter wird von ihnen erwartet, daß sie abstraktere Erklärungen nachvollziehen und entsprechend handeln: «Das Fieber bekämpft die Grippe. Deshalb bleibe ich liegen, damit ich schneller wieder gesund werde.» Nun, im Einschulungsalter, steuern vorübergehend sprachliche Regeln und Vorsätze ihr Verhalten: «Wenn man Fieber hat, muß man liegenbleiben.»

Die Regeln und Vorsätze müssen *tatsächlich* wirksam werden, ohne daß jedes Mal eine Autorität im Hintergrund droht. Die Kinder üben das, indem sie ihre Regeln und Vorsätze möglichst häufig selbst *anwenden*, bei Brettspielen in der Familie, im Sportverein, mit anderen Kindern auf der Straße, im Klassenzimmer.

Die dosiert angeforderten neuen Fähigkeiten und das vernunftgesteuerte Verhalten ermöglichen, daß Kinder tatsächliche Erfolge und positive Resonanz erleben. Das löst Stolz und zukünftigen Ehrgeiz aus. Damit erreicht die Motivation eine weitere Qualität. Die Kinder verlieren auch äußerlich sichtbar ihre Milchzähne und «bekommen einen festen Biß».

Werden die neu erworbenen Fähigkeiten zur Verhaltens-Steuerung für zu viele mühsame Ziele angefordert, reagieren Kinder entmutigt. Manche empfinden die Regeln und vorsätzlichen Steuerungen dann als Belastung und fallen ins «Baby-Spielen» oder andere auffällige Verhaltensweisen zurück.

Torsten, ein «Nachzügler» mit zwei älteren Schwestern, war schon etwa drei Jahre lang trocken, aber bald nach der Einschulung begann das nächtliche Einnässen erneut.

Das Gespräch mit Torsten und den Eltern, die ihren Jüngsten sehr verwöhnen, ergibt, daß er relativ gern in die Schule geht. Nur seine Hausaufgaben, schildert die Mutter, mache eigentlich sie für ihn. Torsten sitze passiv neben ihr und lasse sich jedes Wort und jede Zahl aus der Nase ziehen. Hausaufgaben findet Torsten nach eigener Angabe «saublöd». Er erzählt, daß er abends extra weniger trinke und ein Gebet spreche, um das nächtliche Einnässen zu beenden, und erweckt den Eindruck, aktiv etwas dagegen zu tun. Dann berichtet seine Mutter von ihren Weckversuchen in der Nacht: Torsten gehe nur mit ihrer Begleitung auf die Toilette. Wenn er alleine vom Wecker aufwachen und aufstehen solle, drehe er sich im Bett herum, und pinkle bald darauf hinein.

Ich finde keinen Anlaß dafür, daß Torsten im Schlaf quasi ‹durch die Blase weinen› müßte. Es geht dem Jungen eigentlich gut. Er kommt in der Schule gut mit, geht mit einigen vertrauten Freunden in dieselbe Klasse und ist bei den Kindern und der Lehrerin beliebt.

Im diagnostischen Spiel erklärt Torsten seine Weltsicht anhand einer Spielfigur: «Der Junge *muß* jeden Morgen zur gleichen Zeit in die Schule. Der *soll* immer auf seinem Platz sitzen bleiben, und der *muß* auf die Lehrerin hören. Und daheim *muß* er dann Hausaufgaben machen.»

Das Einnässen hängt mit dem durch die Schule stark reglementierten Alltag zusammen. Torsten will nicht auch noch nachts aufstehen und ins kalte Klo laufen, bloß weil er pinkeln *muß*.

Kinder, die zuvor mangelhaft lernten, sich einzulassen, setzen nun in der Regelphase häufig all ihren Grips im Machtspiel gegen die Regeln ein: Mit dem Motto «Ist doch mir egal!» fallen sie dann zusätzlich zum Verhalten auch in den sprachlichen Steuerungsfähigkeiten zurück. Es liegt weitgehend an den Erziehenden, ob und wieweit sie solche Rückschritte hinnehmen oder dem Kind mit Ermutigung, Konsequenz und Anforderungen weiterhelfen.

Selbst wenn ein vorübergehend regelvermeidendes Kind den Anschluß wieder gewonnen hat, verlockt die ‹Angstlust› noch lange zum faszinierenden ‹Egal-Spiel›. Denken Sie z.B. an leidenschaftliche Automatenspieler, die fast immer und insgesamt verlieren, aber dennoch mit aufgesetzter «Egal-Mine» süchtig weiterspielen.

Im Licht des ‹Egal-Spiels› erscheint die Situation der quengelnden Jennifer mit ihrer telefonierenden Mutter bedenklicher: Vordergründig ist das Theater am Telefon ein Problem der Mutter, die der Tochter keine Regeln oder Halt bietet. Hintergründig aber ist Jennifer von ihrem störenden Verhalten so fasziniert, daß sie den nächsten Entwicklungsschritt nicht von sich aus tun wird.

Regellose Haltlosigkeit wird potenziert, wenn die Erziehenden unterschiedliche und wechselnde Erwartungen an das Kind stellen. Sie mögen dafür Gründe benennen können, ziehen aber keine kindgemäßen Konsequenzen. Das Ergebnis ist meist chaotisches Erziehungsverhalten ohne Orientierung und ohne bessere Perspektive. Das verlockt fast jedes Kind, sich möglichst kreativ durchzumogeln, statt sein Verhalten steuern zu lernen.

Mit den Jahren werden Eltern dann immer häufiger über ihren Dauerärger diskutieren *müssen*. Noch bei Zehnjährigen könnten einige vereinbarte Regeln und mehr Konsequenz die Entwicklung positiv beeinflussen (vgl. dazu Kapitel 2, Konsequenzen lernen, Seite 45). Aber genau dazu sind ‹prinzipiell geduldige› und konsequenzlose Erwachsene häufig nicht bereit.

Haltlose Kinder kämpfen um ihren un-erzogenen Verhaltensstil – anfänglich nur spontan impulsiv, später meist gezielt aggressiv.

Das auf diese Art suchende Kind wird entsprechenden Umgang finden und sich immer weiter von zu Hause abwenden. Die Eltern wiederum werden ihre Erziehung auf die dringlichsten Notwendigkeiten begrenzen, z. B. das Essen, den Schulbesuch, das Verhalten im Straßenverkehr. Und die einstmals tiefe Verbindung wird sich in Bitterkeit, Beziehungslosigkeit und Oberflächlichkeit verlieren. Daran ändern auch ‹Machtworte› nichts mehr.

Kommt keine Hilfe von außen, holen sich haltlose Jugendliche ihre Anerkennung nun in Straßenfreundschaften, die wenig vorsätzliche Selbst-Steuerung abverlangen und keine vernünftige Willenskraft erfordern. Statt dessen werden dort intensive Stimulationen und faszinierende Hierarchiekämpfe arrangiert.

Für diese jungen Menschen haben Worte keine steuernde Kraft mehr. Merken sie, daß ihnen ihr Einfluß entgleitet, daß sie aus den gewohnten Strukturen und Beziehungen herausfallen und ihr unkontrolliertes Verhalten ständig Ärger auslöst, suchen sie dafür einen Ausgleich. Dann stilisieren einige ihr zielloses Verhalten als frei und selbstgewählt und glorifizieren ihr mögliches Scheitern als ‹tragisch›. Manche werden aggressiv, andere werden suchtkrank oder verwahrlosen. Nur eine möglichst frühzeitige und höchst intensive Nachsozialisierung kann solche Entwicklungen stoppen oder verändern.

Warum nur so unvernünftig?

Bevor Vernunft und Willen tragen können, müssen Regeln und Vorsätze steuern können. Denn zu viele Gründe kommen zunächst als «du sollst» und «du mußt» daher. Das kann den Willen zur Vernunft schon im Vorfeld lähmen. Die einsehbar vernünftigen Gründe für den Schulbesuch verschwinden hinter zu hohen Erwartungen und dem Zwang der Notwendigkeiten. Der Schulranzen, schwerer als der Aktenkoffer der meisten Angestellten, symbolisiert den Druck.

Werden sie nicht dazu gezwungen, entwickeln die meisten Schulkinder ihren überlegenden Willen zumindest *für* ihre Freizeit: Manche versuchen sich in filigranen Basteleien. Andere spezialisieren sich und ergründen Theoretisches, beispielsweise sammeln sie alles über das Weltall. Wieder andere trainieren ihr Körpergefühl beim Balletttanzen oder spielen Fußball in der Vereinsmannschaft.

Mit der Zeit übertragen Schulkinder ihre durch Freizeitaktivitäten erlernte vernünftige Willenskraft auch auf die Schule, zumindest auf einige Fächer. Zwar wird der offizielle Lehrplan von der Wissensvermittlung dominiert, tatsächlich aber ist die Leistungs- und Erfahrungswelt Schule ein Ort, an dem nahezu alle Fähigkeiten zur Verhaltens-Steuerung in solchem Ausmaß trainiert werden, daß diesem Bildungsbereich viel mehr pädagogische Aufmerksamkeit gewidmet werden sollte. Das Schulkind soll stundenlang still sitzen und hat doch weitaus mehr Bewegungsdrang als Erwachsene. Es muß einen hohen Lärmpegel und stressige Hektik aushalten. Es muß sich Auseinandersetzungen und Konflikten stellen, die Erwachsene jahrelang vor dem Richter ausfechten würden. Es muß lernen, sich mehrfach nacheinander auf verschiedene Unterrichtsthemen einzulassen, die u. U. wenig mit seinen Interessen zu tun haben.

Weitere *Beispiele für persönlichkeitsbildende Verhaltens-Steuerung*en in der Schule sind:
- Modalitätswechsel: Wechsel innerhalb weniger Minuten vom sozialen Umtrieb in körperlicher Bewegung auf dem Pausenhof zur geistigen Konzentration in körperlicher Ruhe im Klassenzimmer;
- Simultanaufmerksamkeit: eine Aufgabe lösen und gleichzeitig die weiteren Erklärungen der Lehrerin verfolgen;
- Willenskraft: auf die Sacharbeit konzentriert bleiben, während die Nebensitzer Blödsinn aushecken;
- Ehrlichkeit: den Eltern über die mißratene Klassenarbeit berichten;
- Solidarität: die Hausaufgaben abschreiben lassen;
- Frustrationstoleranz: nicht dranzukommen, obwohl man etwas weiß;
- Sozialtoleranz: neidlos mit reicheren Kindern auskommen;
- Aufmerksamkeitsspanne: Ausdauer für jeweils 45 Minuten.

Anders gesagt: Zumindest in der Primarstufe haben Verhaltens-Steuerung und Persönlichkeitsbildung eigentlich den höheren Stellenwert gegenüber der reinen Wissensvermittlung. ‹Entdeckendes Lernen› und ‹situationsorientierter Unterricht› würden diesen Lernzielen dienen.

Die Welt heutiger Jugendlicher ist viel zu bunt, zu kompliziert, zu offen, zu unbeständig und zu veränderlich, als daß autoritäre Weisungen oder vorgegebene Erfahrungen den Weg weisen könnten.

Junge Menschen müssen lernen, in eigener Kompetenz *vernünftig* handeln zu wollen.

Und genau das gelingt in unserer mobilen Leistungsgesellschaft und in den multikulturellen Sozialräumen den allermeisten Jugendlichen besser, als es die klagenden Altvorderen erkennen: Die jungen Leute halten die Unsicherheit ihrer Ausbildungs- und Arbeitsplätze aus und respektieren den ungeteilten Wohlstand der älteren Generation. Berufliches Handeln und Fortkommen sind an komplizierte Normen, Anweisungen und Spezialisierungen gebunden, daß sie sich mit Gleichaltrigen aus anderen Branchen nicht mehr darüber verständigen können. Sie werden als Erwachsene freiwillig einen so hohen Anteil ihres Einkommens zur Sicherung des Sozialsystems erwirtschaften wie wohl keine Generation zuvor. Und dennoch leben sie einen verläßlichen moralischen Konsens und üben beachtliche Toleranz.

Ich erkenne die vielbeklagte Unvernunft junger Erwachsener jedenfalls *nicht*. Im Gegenteil: Im Geflecht vieler möglicher Lebensweisen bildet sich eine «Tugend der Orientierungslosigkeit» heraus, wie es die jungen Autoren Johannes Göbel und Christoph Clermont 1997 treffend nannten.

Aber es gibt Ausnahmen: Mangelt es älteren Schülern an den grundlegenden Fähigkeiten aus den vorhergehenden Entwicklungsphasen, eskalieren viele Anforderungen zu einem vorpubertären Kampf um ‹die Befreiung vom Zwang zur Vernunft› überhaupt. Die Pubertät wird dann zu einer intensiven Probe für familiäre und staatliche Grundprinzipien.

Entwickeln bisher angemessen erzogene Kinder keine vernünftige Willenskraft, fällt das zunächst weniger auf. Erst in der Pubertät werden sie unerwartet passiv und realitätsfern.

Die motivierten Eltern hatten ihre Sprößlinge engagiert und mit aller Geduld erzogen. Der Vater, mittelständischer Manager, und die Mutter, halbtags berufstätige Ärztin, hatten ihren Kindern durchaus genügend Zeit und wirkliches Interesse für alle erdenklichen Hobbys entgegengebracht. Ihre Kinder waren meist leicht zu begeistern und mitzureißen, so daß Weisungen, Bemühen und Absprachen nur selten abverlangt werden mußten. Eigentlich waren die Entwicklungen ganz vielversprechend verlaufen.

Doch jetzt machen die beiden Jugendlichen Probleme. Die Fünfzehnjährige hält sich nicht an Absprachen und kommt erst kurz vor Mitternacht von der Party zurück. Sie läßt sich ausgerechnet von dem unbeherrschten Bruder der Gastgeberin heimfahren, was die Mutter ausdrücklich untersagt hatte. Der siebzehnjährige Sohn «hat keinen Bock mehr» und will demnächst das Gymnasium verlassen, um mit seinem Realschulabschluß schnell viel Geld zu verdienen. Die Eltern sind verzweifelt. Zumal ihre Kinder doch weiterhin jede Unterstützung bekämen.

Die ausführliche Analyse legt das Problem offen: Die Kinder hatten sich bisher meistens spontan einlassen können sowie ohne Überlegungen und ohne Vorsätze, Anerkennung finden können. Als der Kindergarten unterforderte, wurden sie für die musikalische Früherziehung begeistert. Den Wechsel aufs Gymnasium bewältigten beide spielend. Wurden tätiges Bemühen oder willentliches Handeln erforderlich, wechselten sie einfach zu leichteren Beschäftigungen.

Spätestens als die Tochter mit zwölf Jahren ihren Geigenunterricht mit der Begründung abbrach, das Instrument sei unmodern, hätten die Eltern aufmerken müssen. Das Mädchen war zu faul, um das nötige Durchhaltevermögen zu entwickeln. Heute treibt sie sich hauptsächlich aufgestylt bei Partys und in Discos herum.

Der Sohn spielte früher Basketball im Verein. Doch plötzlich waren der Sport und auch die Mannschaft «out». Statt dessen vergammelt der Junge nun die Nachmittage mit Kappe und Inlines und anderen ziellosen Jugendlichen an einer verlassenen Tankstelle.

Die Eltern befürchten, daß zwei «Aussteiger» in ihrem Wohnzimmer hocken. Doch wovon sollten die beiden Jugendlichen aussteigen können! Seit der Grundschulzeit sind beide kein tätiges Bemühen und kein willentliches Handeln eingegangen. Und sie wurden von ihren Eltern nie ausreichend gefordert oder zum konsequenten Verfolgen ihrer Ziele angehalten. Jetzt fehlen ihnen die grundlegenden Fähigkeiten zur Selbst-Steuerung gemäß eigenen Vorsätzen und mit vernünftiger Willenskraft.

Diese Fähigkeit nachzulernen wird mit zunehmendem Alter immer schwieriger.

Wonach denn sehnsüchtig?

Die Pubertät wirbelt Jugendliche durcheinander: Die schier unabweisbar drängenden neuen Gefühle und Sehnsüchte machen das Erleben prickelnd und ängstigend zugleich. Einerseits weitet sich ihr
Denkvermögen ins Grundsätzliche und Abstrakte, und sie beginnen
eigene Lebensentwürfe zu konzipieren. Andererseits gelten alle Maß-
stäbe und Bewertungen der Erwachsenenwelt zunehmend für sie sel-
ber. Schließlich kommen die neuen Freiheiten des Erwachsenseins
hinzu.

Egal was Pubertierende tun, sie müssen um ihr Gleichgewicht ringen und neue Ausrichtungen gewinnen. Von außen betrachtet, mag
das wie «Puberterror» erscheinen (Baier, 1997).

Die Beruhigung der Pubertätskonfusion kommt zugleich aus authentischen Entscheidungen, der allmählichen Ausrichtung der Interessen und Beziehungen sowie der gesellschaftlichen Integration. Zwar
ist jede Entscheidung *für* etwas zugleich ein vorläufiger Abschied *von*
anderen Möglichkeiten. Doch ermöglicht nur begrenzende Auswahl
die bald wichtigen Aspekte von Beziehung, Beständigkeit, Verläßlichkeit und Verwirklichung.

> **Jugendliche brauchen authentische Ausrichtungen *und* Integration.**

Viel entscheidender ist ein anderer Aspekt. Steht keine *Fähigkeit zur
Umsetzung* hinter den pubertären Wünschen, Ausrichtungen und
Entscheidungen, verlaufen sie im Sande, und die Jugendlichen blei-
ben letztlich ohnmächtig und abhängig. Entsprechen die pubertären
Entscheidungen nicht den wirklichen Bedürfnissen und der Identi-
tät, bleiben Bedürfnisse unbefriedigt.

Wenn keine realitätsbezogenen Pläne, Hoffnungen und Aktivitäten entwickelt wurden, verlagert sich die Identitätsfindung von der
realen Verselbständigung auf das *phantasierende Sehnen*.

Psychotherapeutische Methoden nutzen dieses Sehnen, um mit bewährten ‹Standardmotiven› gezielt Tagträume anzuregen, in denen die problematischen inneren Muster – persönliche Wahrnehmungen, Themen, Bedürfnisse und Konflikte – symbolisch Ausdruck finden und bearbeitet werden können.

Das Standardmotiv ‹Bergweg› beispielsweise führt von einer frischen Wiese einen langen Bergweg hinauf bis vielleicht zum Gipfel und wieder zur Wiese zurück. Unterwegs kann dem Tagträumenden Verschiedenes begegnen oder passieren, je nachdem, womit seine Seele gerade beschäftigt ist.

Eine sechsundzwanzigjährige Studentin berichtete in ihrem Tagtraum vom «Bergweg» folgende Phantasie:

> Die Vorstellung einer frühlingshaft frischen Wiese stellte sich sofort ein, wurde aber anfänglich noch ein paar Mal von Erinnerungen an Alltagssituationen der letzten Tage unterbrochen. Bald aber blieb die Studentin ganz im angeregten Tagtraum.
> Sie folgte mit ihrem Freund an der Hand einem sanft ansteigenden Spazierweg. Noch unterhalb der Baumgrenze wurde der Weg plötzlich furchtbar steil und steinig. Der Freund war auf einmal verschwunden. Sie war nun allein und kam sehr ins Schwitzen.
> Oberhalb der Baumgrenze, in der Felsregion, versperrten ihr immer größere Felsbrocken den Weg. Sie «schlängelte» sich hindurch, doch es wurde immer enger. Plötzlich zog auch noch ein Gewitter auf, und die Felsen drohten sie zu erschlagen. Erschöpft und ängstlich dachte sie: «Ich schaffe das nie», setzte sich hin und gab auf.
> Sofort waren die Felsbrocken verschwunden, und die Gipfel der anderen Berge strahlten fern in der Abendsonne.
> Die Anleitung «Du findest allmählich den Weg zurück» schreckte sie auf. Sofort waren die Felsbrocken wieder da. Nach einem kurzen Stocken des Tagtraums trat eine Wandlung ein: Plötzlich sah sich die junge Frau mit einem Gleitschirm fliegen. Es war ein rot-weißer Schirm, und sie segelte unbeschwert über die Täler und Berge hinweg. Manchmal stieg sie weit über alle Gipfel, dann sauste sie schwungvoll voran. Die junge Frau sah sich glücklich lachen.

Unter sich entdeckte sie andere Wanderer, die sich schwitzend durch «ihre» Felsbrocken hindurchkämpften. Sie lachte darüber. Die Landung auf der Wiese war recht hart. Der Schirm zerbarst und wurde dreckig-schwarz.

Die junge Frau kehrte intensiv angeregt aus ihrem Tagtraum ins wache Bewußtsein zurück und malte die Szene mit Farbkreide auf.

Die Studentin lebte zu dieser Zeit in einer relativ unproblematischen, aber noch offenen Partnerschaft. Sie war sich unsicher, ob sie mit Biochemie das richtige Studienfach gewählt hatte. Sie war nicht wegen eindeutiger Probleme, sondern wegen des Studienstresses in eine offene kunsttherapeutische Gruppe gekommen. Der jungen Frau wurde nun im auswertenden ‹Bildgespräch› deutlich, was ihr Tagtraum ausdrückte.

▷ Sie hatte die Wunschvorstellung, zusammen mit ihrem Freund den Gipfel zu erreichen, wie im richtigen Leben. Doch als es schwierig wurde, verließ er sie, so wie sie es im richtigen Leben von ihm befürchtete.

▷ Als sie nun im Tagtraum immer schwierigere Aufgaben (Felsbrocken) bewältigen mußte, gab sie auf. Sie erkannte an diesem Bild, daß ihr Biochemie-Studium unbewältigten Streß auslöste und daß sie eigentlich auf den Abbruch zusteuerte.

▷ Als ich den Rückweg anregte, wollte sie im ersten Moment ihr Aufgeben nicht wahrhaben. Deshalb flüchtete sie in ihrer Phantasie in den sehnsuchtsvollen Flug mit dem Gleitschirm. Sie genoß die Befreiung von den Mühen des Aufstiegs (Studium) und die Illusion, anstrengungslos auf die Gipfel (zum Erfolg) kommen zu können. Und sie lachte über die armen Wanderer, die so tapfer weiterkämpften.

▷ Vom Tagtraum zurück in der Realität, brach ihre sehnsüchtige Illusion in sich zusammen.

Sich zu sehnen ist menschlich. Es beruht auf einem unerfüllten inneren Maß, z. B. auf einer Erinnerung an früher Erlebtes, einer schönen Utopie, einem mitgegebenen Bedürfnis, einem drängenden Gefühl oder auch auf alldem zugleich.

> **Das Sehnen ist der Widerpart zum Überdruß.**

Sehnen kann motivieren, Kräfte ausrichten und Gesellschaften in Aufbruch versetzen. Es drängt auf Verwirklichung. Vielleicht ist es real noch nicht umsetzbar und muß noch wartend hoffen.

Doch was bedeutet es, wenn das Sehnen sich selbst genügt und die Bedürfnisse nahezu ausschließlich in Tagträumen und Phantasien ausgelebt werden? Was, wenn das Sehnen scheinbar keiner Verwirklichung mehr bedarf und immer wieder nur auf sich selbst zurückfällt, ohne je über sich hinauszuwachsen?

Eine Ahnung von der verlorenen Wirklichkeit bleibt immer und wird jedes Mal wieder getäuscht. So wie auch die Sinne nicht wirklich stimuliert, sondern immer wieder betrogen werden *müssen*. Immer wieder und immer mehr, bis aus dem Sehnen Sehn-*Sucht* wird.

Der Ausweg aus der Traumwelt führt über konkrete Erfahrungen in die Ehrlichkeit mit sich selbst. Er führt über bemühte Anpassungen und braucht überlegenden Willen. Er muß die bisherige illusionäre Identität überwinden. Dieser Weg in die Realität wird oft deprimieren und scheitern lassen. Aber er wird auch für Differenzierteres interessieren, für Sinnvolleres motivieren und stolz wirkliche Ziele erreichen lassen.

NACHWORT

Die lapidare Bemerkung: «So sind Kinder eben» enthält zwei verdeckte, aber unpädagogische Botschaften:
▷ Kinder sind stressig, und das muß man zwangsläufig aushalten.
▷ Kinder sind keine Erwachsenen, und folglich sind sie unvernünftig.

Kinder sind zwar Kinder, aber sie bleiben es nicht. Das bedeutet für die Erziehung, mit Blick auf die Ziele kindlicher Entwicklung zu handeln und auf die anfangs erwähnte «stabile und belastbare Persönlichkeit» hinzuwirken. Erziehungsprobleme sollten im Zusammenhang mit den erwartbaren Phasen des Lebenslaufs als Entwicklungsaufgaben verstanden werden. Mein Erziehungsrat ist daher zukunftsbezogen. Einen allgemeingültigen Erziehungsrat gibt es nicht. Die gleichen Erziehungsmethoden und -stile können unterschiedlich auf die verschiedenen Kinder einer Familie wirken. Stets hilfreich ist nur das liebevolle Bemühen, *zugewandt* zu *beobachten*, *klar zu entscheiden*, *förderlich zu handeln* und *zuversichtlich zu begegnen*. Ratgeberliteratur kann dieses Bemühen unterstützen, die eigenen Ansichten und Urteile aber nicht ersetzen.

Sicher hätten Eltern genügend Gründe, manchmal die Zuversicht zu verlieren. Jede Erziehung wird von Krankheiten, Unfällen, Schicksalsschlägen, Irrwegen und gesellschaftlichen Erschwernissen bedroht. Viele Eltern wollen bei den eigenen Kindern all das besser machen, was sie selbst als negativ erlebten. Das kann sie bis an ihre Grenzen treiben, so daß sie zu ihrem eigenen Entsetzen in ähnlichen Mustern handeln, wie sie es doch unbedingt vermeiden wollten. Dann hilft professionelle Erziehungsberatung, die Prägungen aus der eigenen Kindheit zu überwinden und dem liebevollen Bemühen eine stabilere Richtung zu geben.

Die Kraft für *liebevolles Bemühen* kommt von innen her und ist ein Stück Lebenskunst. Es gibt zwar Strategien, die eigene Lebenskunst zu verbessern. Sich ‹positives Denken› zu verordnen reicht allerdings nicht, sondern kann sogar schaden (Scheich, 1997). Auch nicht jede Therapiemethode hält, was sie verspricht (Goldner, 1997). Deshalb: Wenn Eltern fühlen, daß ihnen die Zuversicht ausgeht, sollten sie konkrete und fachliche Unterstützung suchen, für sich selbst und um der Kinder willen. Auch das wäre konsequentes Handeln.

Bewältigte Entwicklungsaufgaben werden von neuen überlagert. Ansichten und Verhaltensstile verändern sich. Fähigkeiten bewähren sich und werden weiter ausgebildet:

Die Persönlichkeitsentwicklung währt lebenslang.

Zwar erscheint das Erwachsenenleben insgesamt beständiger als die Kindheit mit den verschiedenen Entwicklungsphasen, doch wird es dadurch nicht langweiliger. Die meisten Menschen gestalten ihr Erwachsenenleben bewußt und willentlich. Manche ringen um neue Lebensbilder für sich und ihre Angehörigen, andere setzen gezielt Prioritäten für ihr berufliches Fortkommen, wieder andere musizieren engagiert oder verfolgen sportliche Interessen.

Bewußte Persönlichkeitsbildung bedarf des Austauschs mit anderen, aufrichtiges Engagement und angemessene Erfahrungen sowie Offenheit für den nicht vorherbestimmbaren Entwicklungsprozeß.

Das bedeutet ernsthafte Auseinandersetzung und bemühte Arbeit mit sich und an sich selbst. Denn man kann in beachtlichem Ausmaß wählen, in welche Situationen man sich begibt und mit welchen Zielen man dort handelt. Was davon zurückwirkt, beeinflußt die Persönlichkeitsentwicklung.

> **Die Wahl des Umfelds
> beeinflußt die weiteren Entwicklungen.**

Nach der jugendlichen Ausrichtung auf eigene Perspektiven bedenken **junge Erwachsene** ihre Angelegenheiten pragmatischer als noch in der Pubertät. Sie sind wieder motivierter, expansiv nach außen zu treten, bemüht, Kompetenz zu erwerben, und wollen viel leisten und effektiv arbeiten. Die Partnerin oder der Partner, später vielleicht die eigenen Kinder, und auch der Arbeitsplatz erfordern verläßliche und bezugnehmende Bindungen. An die Stelle der Erziehung durch die Eltern treten Diskussionen mit Freunden und Kollegen über die moralischen Pflichten und die Haftung für das Tun. An die Stelle der Förderungen und Bewertungen durch Autoritäten werden selbst eingegangene Verpflichtungen gesetzt. Erwachsene wollen nicht mehr erzogen werden, wenngleich sie beeinflußbar bleiben.

Offenbar wächst mit den Lebensjahren das Bedürfnis nach ganzheitlichem Verstehen, Reflexion der eigenen Rolle in der Welt und sinnvoller Gestaltung im eigenen Einflußbereich. Ich glaube nicht, daß **ältere Erwachsene** die Fähigkeiten dazu erst im Alter bekommen *können*. Ich glaube aber, daß sie sich diese Fähigkeiten in der Regel früher schlicht nicht leisten konnten. Desto ethischer scheint nun manches in der innerlich motivierten Sorge reiferer, älterer Menschen verantwortet zu werden.

Senioren verlagern ihre Aktivitäten und Erfahrungen häufig in traditionell beratende Mitwirkungsbereiche und ziehen sich dabei nach und nach aus der Produktionswelt zurück. Aus der Distanz können sie ihre Erinnerungen in den kulturellen Zusammenhängen bilanzieren. Dürfen Kinder daran teilhaben, werden diese oftmals in die transzendierende Verklärung der Erinnerungen mit einbezogen.

Greise Menschen verlieren ihre Kräfte, die körperlichen oftmals schneller als die seelischen, geistigen und verhaltenssteuernden. Der letztlich alles zehrende Altersabbau ist auferlegt. Manche greise Menschen erhalten sich aber die Orientierung, ihre Selbständigkeit und ihr Hoffen, solange es eben geht. Erleben Kinder die würdevolle

Pflege ihrer Angehörigen, prägt das ihr Menschenbild sehr wesentlich mit.

Persönlichkeiten, die ihre früheren Entwicklungsphasen angemessen und ausführlich durchleben konnten, können ihre heutigen Entwicklungsaufgaben besser annehmen und bewältigen. Pädagogisch gesehen bedeutet das, dem Augenblick viele Gelegenheiten einzuräumen und von der Zukunft her zu locken, statt in die Zukunft zu drängeln. Zu er-ziehen eben! Ansonsten ist und bleibt die beste Konsequenz aus allen pädagogischen Erörterungen, ein Vorbild sein zu wollen, auch an Lebensfreude!

ANHANG

Hilfreiche Elternliteratur

BAIER, T., ORTH, S. (1997): *Puberterror: Ein Ratgeber für alle, die mit Jugendlichen zu tun haben.* Neuried.

BEAN, R. (1994): *Kreative Kinder.* Reinbek.

BONNEAU, E. (1998): *Spaghetti, Jeans und gute Sprüche.* München.

GOEBEL, J., CLERMONT, C. (1997): *Die Tugend der Orientierungslosigkeit.* Berlin.

GOLDNER, C. (1997): *Psycho. Therapien zwischen Seriosität und Scharlatanerie.* Augsburg.

GORDON, T. (1993): *Die neue Familienkonferenz. Kinder erziehen, ohne zu strafen.* Hamburg (amerikanische Erstausgabe 1989).

KAST-ZAHN, A. (1997): *Jedes Kind kann Regeln lernen.* Ratingen.

NEUHAUS, C. (1996): *Das hyperaktive Kind und seine Probleme.* Ravensburg.

PREKOP, J. (1989): *Hättest Du mich festgehalten.* München.

ROGGE, J.-U. (1995): *Eltern setzen Grenzen.* Reinbek.

SCHEICH, G. (1997): *Positives Denken macht krank.* Frankfurt.

Weiterführende Fachliteratur

ASSAGIOLI, R. (1982): *Die Schulung des Willens. Methoden der Psychotherapie und der Selbsttherapie.* Paderborn (amerikanische Erstausgabe 1972).

BEER, U. (1972): *Wie straft man ein Kind heute? Ein Eltern-Buch.* Tübingen.

BORCHERT, J. (1992): *Man muß kein Extremist sein ... Familie im Transferrecht: Nur ein sozialpolitisches Problem?* Familie und Recht, **2**: 88–98.

DREIKURS, R., GREY, L. (1992): *Kinder lernen aus den Folgen.* Freiburg (amerikanische Erstausgabe 1968).

FROSTIG, M. (1979): *Bewegen, wachsen, lernen.* Hannover (amerikanische Erstausgabe 1969)

JUGENDWERK DER DEUTSCHEN SHELL (1997): *Jugend '97. Zukunftsperspektiven, gesellschaftliches Engagement, politische Orientierungen.* Opladen.

KILIAN, H. (1989): *Eine systematische Betrachtung der Hyperaktivität – Überlegungen und Fallbeispiele.* Praxis der Kinderpsychologie und Kinderpsychiatrie, **38**: 90–96.

KIPHARD, E. J. (1983): *Motopädagogik.* Dortmund.

KOLIP, P. (1993): *Soziale Schutzfaktoren in der Entwicklung gefährdeter Jugendlicher.* In JUNGMANN, J. (Hg.) (1993): *Jugend und Gewalt.* Heilbronn.

KROWATSCHEK, D. (1995): *Marburger Konzentrationstraining.* Dortmund.

LAUTH, G. W., SCHLOTTKE, R. F. (1995): *Training mit aufmerksamkeitsgestörten Kindern.* Weinheim.

MIETZEL, G. (1995): *Wege in die Entwicklungspsychologie.* Band 1 *Kindheit und Jugend.* Weinheim. Band 2 *Erwachsenenalter und Lebensende.* München.

OLWENS, D. (1995): *Gewalt in der Schule. Was Lehrer und Eltern wissen sollten – und tun können.* Bern.

OSER, F., ALTHOFF, W. (1992): *Moralische Selbstbestimmung. Modelle der Entwicklung und Erziehung im Wertebereich.* Ein Lehrbuch. Stuttgart.

PETERMANN, F., PETERMANN, U. (1988): *Training mit aggressiven Kindern.* Weinheim.

PETERMANN, U. (1987): *Training mit Jugendlichen.* Weinheim.

REITER, L. (1990): *Identität aus systemtheoretischer Sicht.* Praxis der Kinderpsychologie und Kinderpsychiatrie, 39: 222–228.

REMSCHMIDT, H., WALTER, R. (1990): *Psychische Auffälligkeiten bei Schulkindern.* Eine epidemiologische Untersuchung. Bern.

ROTH, G., PRINZ, W. (Hg.) (1996): *Kopf-Arbeit. Gehirnfunktionen und kognitive Leistungen.* Heidelberg.

ROTHENBERGER, A., HÜTHER, G. (1997): *Die Bedeutung von psychosozialem Streß im Kindesalter für die strukturelle und funktionelle Hirnreifung: neurobiologische Grundlagen der Entwicklungspsychopathologie.* Praxis der Kinderpsychologie und Kinderpsychiatrie, 46: 623–644.

SHEDLER, J., BLOCK, J. (1990): *Adolescent drug use and psychological health. A longitudinal study.* American psychologist, 45: 612–631.

SPITZER, M. (1996): *Geist im Netz. Modelle für Lernen, Denken und Handeln.* Darmstadt.

STRUCK, P. (1996): *Die Kunst der Erziehung.* Darmstadt.

UHL, S. (1996): *Die Mittel der Moralerziehung und ihre Wirksamkeit.* Bad Heilbrunn.

Anregung und Hilfe

Die verschiedensten Erziehungsfragen zu den Entwicklungsphasen zwischen 0 und 8 Jahren werden von einer kompetenten Redaktionsgruppe zeitgemäß und alltagsnah in den sogenannten «Elternbriefen» behandelt. Bestellung bei:

AK Neue Erziehung
Markgrafenstraße 11
10969 Berlin
Bestelltelefon: 030-25 90 06-35 (21,– DM)

Spezielle Hinweise zum *Umgang mit Hyperaktivität* erhalten Sie beim:

AK Überaktives Kind
Beratungsstelle
Dieterichstraße 9
30159 Hannover
Telefon: 0511-363 27 29

Jedes Jahr veröffentlicht ein Ausschuß hervorragende *Spiele-Empfehlungen*:

Spiel-Gut-Arbeitsausschuß
Geschäftsstelle
Heimstraße 13
89073 Ulm

Ganz konkrete Unterstützung und Rat bieten die mehr als tausend *Erziehungsberatungsstellen* in allen Bundesländern an. In jedem Landkreis und in jeder kreisfreien Stadt gibt es mindestens eine Stelle. Die Beratungen durch ausgebildete Fachleute erfolgen kostenlos und unterliegen der Schweigepflicht.

Auskunft über Beratungsmöglichkeiten vor Ort geben Erzieherinnen, Beratungslehrer, Kinderärzte, das örtliche Jugendamt, die Bezirksstellen der Diakonie oder der Caritas und die Wohlfahrtsverbände. Im Telefonbuch finden sich meist Einträge unter «Beratungsstelle», «Erziehungsberatung», «Psychologische Beratungsstelle für Eltern, Kinder, Jugendliche».

Zentral gibt die *Bundeskonferenz für Erziehungsberatung* (Telefon: 0911-977 14 14) Auskunft über die für Sie nächstgelegene Beratungsmöglichkeit.

Kinder haben eine Lobby

die **Deutsche Liga für das Kind**

Partner von *rororo Mit Kindern leben*

Die Deutsche Liga für das Kind ist ein Zusammenschluß der wichtigsten Verbände, die sich für die Belange der Kinder in den ersten Lebensjahren einsetzen.

Die Liga verfaßt Stellungnahmen zu Gesetzentwürfen, organisiert Fachtagungen, initiiert Projekte, ist Herausgeber der Zeitschrift *frühe Kindheit* und bietet Eltern und Fachleuten ihre Service-Leistungen an.

Für einen guten Start ins Leben
Die Info-Pakete der Deutschen Liga für das Kind

☐ **Paket 1** (12,- DM incl. Versandkosten)

- Informationen über Mutterschutz und staatliche Leistungen für Eltern
- Entwicklungskalender erstes Lebensjahr
- Faltblatt mit Informationen zum Stillen
- Adressenliste von Einrichtungen „Rund um die Geburt und das 1. Lebensjahr"
- Informationen über die Deutsche Liga für das Kind
- Gesamtverzeichnis der Reihe *Mit Kindern leben*

☐ **Paket 2** (18,- DM incl. Versandkosten)
Inhalt wie Paket 1, zusätzlich:
- 12 Elternbriefe zum 1. Lebensjahr, hrsg. vom Arbeitskreis Neue Erziehung
- Probeexemplar der Zeitschrift *frühe Kindheit*

Sie können Ihre Bestellung telefonisch oder per Fax aufgeben oder diese Seite an folgende Adresse schicken:

DEUTSCHE LIGA FÜR DAS KIND in Familie und Gesellschaft e.V.
Chausseestr. 17, 10115 Berlin
Tel.: 030 - 28 59 99 70   e-mail: Liga-Kind@liga-kind.de
Fax: 030 - 28 59 99 71   Internet: www.liga-kind.de
Commerzbank Berlin, Konto 266 2385, BLZ 100 400 00

Kinder brauchen eine Lobby

In der Deutschen Liga für das Kind arbeiten Fachleute aus den Bereichen Gesundheit, Erziehung, Sozialwissenschaften und Recht zusammen und ermöglichen einen intensiven Kontakt zu Wissenschaft, Praxis und Politik. Dabei stehen folgende Aufgabenbereiche im Mittelpunkt:

Kinder brauchen starke Eltern

Die Elternverantwortung zu stärken, bedeutet nicht nur, öffentlich auf die unverzichtbare Rolle der Eltern hinzuweisen, sondern auch, Eltern selbst Aufklärung und Unterstützung anzubieten.

Kinder brauchen Schutz

Kinder haben ein Recht auf die Förderung ihrer natürlichen Begabungen. Das gilt nicht nur für den rechtlichen Schutz, sondern auch für familienergänzende, wenn nötig familienersetzende Angebote für Kinder.

Kinder brauchen Beteiligung

Schon von Geburt an muß die eigenständige Persönlichkeit des Kindes sowohl im rechtlichen, als auch im psychologischen Sinne Anerkennung finden. Hierzu gehört auch, die Interessen von Kindern und Familien im politischen Raum zu stärken.

Kinder brauchen materielle Gerechtigkeit

Die Entscheidung für ein Kind gehört heute zu den größten Armutsrisiken. Der Beitrag, den die Erziehung von Kindern in der gesellschaftlichen Gesamtrechnung leistet, wird in unserem Steuer- und Rentensystem in einer nicht länger hinzunehmenden Weise unterbewertet. Eine Korrektur dieses Mißstandes ist überfällig.

Kinder brauchen bessere Lebensbedingungen

Beim Wohnungsbau, der Stadt- und Regionalplanung und in allen anderen Feldern, die zur Lebensqualität von Familien beitragen, müsen Bedingungen geschaffen werden, die ein Leben mit Kindern erstrebenswert machen. Dies gilt auch für die Arbeitsplatz- und Arbeitszeitgestaltung der Eltern.